Exercices spirituels pour tous les jours

Ouvrages du même auteur traduits en français

Aux prises avec le mal, abbaye de Bellefontaine, 1990.
Prière et Connaissance de soi, Médiaspaul, 1996.
Prière et Rencontre, Médiaspaul, 1996.
Le Jeûne, prier avec le corps et l'esprit, Médiaspaul, 1997.
La Crise du milieu de la vie, Médiaspaul, 1998.
Petit Traité de spiritualité au quotidien, Albin Michel, 1999.
Développer sa valeur personnelle, maîtriser son sentiment d'impuissance, Courrier du livre, 1999.
Les Rêves et la Vie spirituelle, Médiaspaul, 1999.
Petite Méditation sur les fêtes de Noël, Albin Michel, 1999.
Chacun cherche son ange, Albin Michel, 2000.
Chemins de liberté, Médiaspaul, 2000.
La Santé, un défi spirituel, Médiaspaul, 2000.
Conquérir sa liberté intérieure, Éditions de l'Atelier, 2000.
Apprendre à faire silence, Desclée de Brouwer, 2001.
Des repères pour vivre, Médiaspaul, 2001.
Petit Manuel de la guérison intérieure, Albin Michel, 2001.
Libérer la vie, Médiaspaul, 2001.
Lectures psychanalytiques de la Bible, Médiaspaul, 2001.
Ce qui rend les hommes malades... et ce qui les guérit, Desclée de Brouwer, 2001.
Apprendre à faire silence, Desclée de Brouwer, 2001.
Une méditation pour chaque jour, Éditions de l'Atelier, 2001.
Invitation à la sérénité, Albin Michel, 2002.

Anselm Grün

Exercices spirituels pour tous les jours

Traduit de l'allemand par Jean-Pierre Bagot

DESCLÉE DE BROUWER

L'édition originale de cet ouvrage a paru sous le titre
Exerzitien für den Alltag, 1996

76 *bis*, rue des Saints-Pères, 75007 Paris
www.descleedebrouwer.com
ISBN : 2-220-05106-4

Avant-propos

Pour bien utiliser ces exercices

Certaines paroisses proposent aux fidèles des exercices spirituels quotidiens. Elles leur offrent ainsi un moyen de ressourcer leur vie courante. Réunis en petits groupes, les participants échangent des réflexions sur le texte biblique qu'ils méditeront tout au long de la semaine, en s'efforçant de le mettre à chaque instant en pratique. Mais, bien souvent, les chrétiens ressentent aussi le besoin d'exercices individuels. Or ils ne disposent que rarement de l'accompagnateur ou de l'accompagnatrice capable de les guider. C'est pourquoi, dans ce livre, je me suis efforcé d'aider le lecteur à tirer pleinement profit de douze textes bibliques. Avant de vous engager dans ces méditations, voici quelques indications sur la façon d'utiliser cet ouvrage.

Quand et à quel rythme pratiquer les exercices ?

Vous pouvez faire retraite dans le silence pendant douze jours en consacrant chacun d'eux à une de ces méditations. Vous pouvez aussi les utiliser pour votre prière journalière. Le carême et l'avent constituent des moments particulièrement favorables pour cela. Durant l'avent, vous pouvez étaler chaque exercice sur deux jours et, durant le carême, en prévoir deux par semaine. Mais, si cela vous convient mieux, vous pouvez aussi bien leur consacrer entre deux et douze semaines de votre vie courante, au cours desquelles vous vous laisserez guider par les textes.

Organisation de la journée

Le mieux est de lire les textes de ce livret la veille au soir, ou immédiatement avant votre méditation. Réfléchissez bien au moment de la journée que vous comptez y consacrer. Si vous faites ces exercices dans une maison de retraite spirituelle, reprenez trois ou quatre fois par heure le texte biblique en le priant et en le méditant. A cet effet, organisez votre journée en prévoyant vos temps de prière, de promenade ou de présence à l'église.

Si vous faites ces exercices tous les jours, il vous faudra réduire vos activités et vos contacts avec l'extérieur, renoncer à la télévision et à tout autre livre qu'à la Bible, réserver des moments de tranquillité. La méditation de chaque texte exige environ une heure par jour. Vous devez donc d'abord décider du meilleur moment à y consacrer. A l'expérience, les heures préférables sont celles de la matinée. Mais si votre horaire ne s'y prête pas, vous pouvez tout aussi bien en choisir une autre. Le soir, vous devez encore, pendant un quart d'heure, revenir sur votre journée en examinant la façon dont le texte l'a marquée. Pour cet examen de conscience, Ignace de Loyola recommandait la « prière d'attention amoureuse », par laquelle nous nous efforçons de voir ce que Dieu a réalisé en nous durant la journée, nos raisons de le remercier, nos élans spirituels, nos pensées, nos actions. Après une demande de pardon, je m'interroge sur le progrès que je voudrais faire et sur le surcroît de confiance et d'espérance que je ressens. Je prends la résolution de faire toujours davantage de place à Dieu en moi pour qu'il me façonne encore plus selon sa volonté et vienne répondre à mon attente. Je réfléchis déjà au lendemain pour permettre à son amour de me pénétrer plus encore. Je m'interroge sur mes désirs, et je les remets entre les mains de Dieu.

La méditation des textes bibliques

Quand vous aurez décidé du moment de la méditation, réfléchissez au lieu où vous serez le mieux pour la faire. Si vous êtes chez vous, retirez-vous dans votre coin de prière, en vous agenouillant éventuellement sur un prie-Dieu, peut-être devant une icône ou une image, avec un cierge allumé. Ou bien trouvez une chapelle ou une église ou vous pourrez prier tranquillement. Avant d'ouvrir la Bible, recueillez-vous, prenez conscience de votre souffle et pensez que vous êtes en présence du Dieu qui vous aime et vous sauve, qu'il veut vous parler de façon très personnelle. Vous pouvez également commencer votre prière debout, par un geste tel que celui de la coquille : vous tendez vos mains vides vers Dieu en le priant de les emplir. Invoquez le Saint-Esprit pour qu'il vous ouvre à la parole divine. Puis asseyez-vous, et prenez votre Bible avec soin et respect. Lisez lentement le texte proposé. Laissez chaque mot pénétrer votre cœur, en cherchant à le goûter, à le savourer, à le répéter jusqu'à ce qu'il s'imprime en vous. Et, à propos de chacun de ces mots, pensez que c'est Dieu lui-même qui vous l'adresse.

Quand vous méditez une scène biblique, par exemple un récit de miracle, représentez-vous-la de façon concrète. Entrez dans le spectacle jusqu'à devenir le malade qui vient à Jésus ou que Jésus touche avec amour. A travers le personnage de cette scène, vous rencontrez Jésus-Christ. Vous le regardez et vous vous laissez regarder par lui. Dites-lui ce qui vous frappe. Demandez-lui ce qu'il veut vous dire, et écoutez dans le silence ce qu'il vous répond. Peut-être reste-t-il muet ? Vous n'entendez absolument rien ? Suspendez alors votre question. Peut-être un mot surgira-t-il à un moment inattendu pour vous indiquer le chemin. Ou vous aurez tout d'un coup le sentiment de vous trouver en relation avec lui. Ce que vous dites n'a alors plus d'importance. Ce qui compte, c'est que vous êtes devant lui, avec lui, en lui. Cela suffit. Prolongez cette rencontre, cette relation avec lui, jusqu'à ce que votre attention se relâche. Continuez alors à lire le texte en laissant les mots tomber dans votre cœur, ou portez-vous dans la situation suivante.

Parler à voix haute avec Jésus

Pour moi, un bon moyen de commencer un exercice consiste à parler à voix haute avec Jésus. Je lui dis alors ce qui me tient le plus à cœur. Je le supplie de me délivrer et de me dire la parole qui me montrera le chemin à suivre dans la situation où je me trouve. Si je m'entretiens ainsi à voix haute avec lui, je ne puis me soustraire à lui et je reste attentif. Je me sens profondément concerné. S'adresser directement à Jésus et l'entendre avec sa propre voix est quelque chose de très touchant, au point que parfois on peut céder aux larmes. Je ressens alors qu'il est bien là, qu'il me rencontre de façon tout à fait personnelle et qu'il s'adresse à moi. Devant lui, je vais me confronter à ma vraie réalité, à tout ce qu'il m'arrive de masquer sous la superficialité de mes actes de piété : mes désirs les plus profonds, mais aussi tout ce que je voudrais cacher à Dieu, quand je fuis ma vérité, quand je reste en retrait par rapport à ce que je veux vraiment. Et, du sein de cette vérité qu'il me gêne d'admettre, je perçois soudain que je suis totalement accepté, que, en dépit de tout, tout est bien. Je suis alors envahi par une paix profonde.

Chaque méditation se passe d'une manière différente. Il y en a au cours desquelles je dois me forcer à rester là, quand je voudrais une fois de plus fuir. Il suffit alors simplement de tenir et de m'exposer à Dieu avec mon énervement et mon vide. Saint Benoît qualifie de *stabilitas* cette obstination, cette persévérance, cet entêtement. L'essentiel, nous disent les moines, c'est de rester dans notre cellule et d'offrir à Dieu notre cœur si troublé. Alors Dieu peut aussi le changer.

Laisser tomber le souci de rendement

Ne cédez pas au souci de rendement, comme si chaque prière devait vous permettre un cœur à cœur avec Dieu ou Jésus, comme si vous deviez éprouver un sentiment de succès à chaque méditation. C'est déjà beaucoup si vous tenez bon, même si vous passez par le désert. Car reviendront aussi des moments de prière où vous vous sentirez profondément touché. Si vous faites souvent ces exercices, ne comparez pas celui du moment aux précédents, et n'ayez pas la nostalgie des expériences que vous auriez pu y connaître. Il s'agit simplement de vous mettre devant Dieu dans votre situation présente. Il agit déjà en vous, mais peut-être tout autrement que vous ne vous le figurez. Laissez-vous simplement aller à ce qu'il vous dit aujourd'hui, accueillez la vérité qu'il vous découvre dans l'instant même en allant où il vous veut présentement.

Prêter attention à ses songes

Au cours de ces exercices, soyez aussi attentif à vos rêves. C'est fréquemment pendant ces journées de tranquillité que Dieu nous envoie des songes qui nous indiquent un chemin venant souvent répondre aux questions qui ont surgi en nous durant notre prière. Parfois, à travers une image ou une parole oniriques, il nous montre ce qu'est notre vocation personnelle pour le mois à venir. Pour ma part, au cours de mes exercices, mes rêves ont joué un rôle capital dans mon cheminement spirituel. Ils m'ont aidé à découvrir mon charisme et à reconnaître les instructions divines pour le chapitre suivant de ma vie. Tenez-en donc grand compte dans votre méditation et demandez à Dieu ce qu'il entend vous dire ainsi. Vous pouvez méditer votre songe et ses images. Vous pouvez aussi le prolonger en vous interrogeant, par exemple, sur les personnages convoqués, sur ce qu'ils attendent de vous. Il est souvent précieux d'en faire un dessin et de le regarder en présence de Dieu. Il n'est pas moins précieux de l'analyser et de le comprendre. Il suffit parfois d'en présenter la réalité à Dieu. Je me confronte alors au Dieu inconnu, celui dont la lumière vient éclairer et guérir les profondeurs de mon inconscient.

Les gestes qui peuvent favoriser les exercices

Tout comme la prière à haute voix constitue quelquefois une aide pour arriver à rencontrer Jésus, je puis aussi m'aider de certains gestes pour maintenir en moi sa présence : tel celui des mains ouvertes, par lequel j'exprime mon désir, mon aspiration à le voir venir combler mon vide. Je peux joindre les mains pour me laisser lier par lui. Je lui traduis ainsi mon appartenance totale, ma volonté d'être entièrement à son service. Si quelque chose, un mot, me tracasse, je m'étends sur le sol, le front entre les mains. C'est le geste de la *prostratio*, celui de l'engagement du profès ou du prêtre, celui par lequel je me livre totalement à Dieu. En me prosternant ainsi, je ressens mon impuissance à accomplir par mes propres forces le don de moi-même. Ce geste traduit donc l'aspiration de tout mon être à me laisser aller à Dieu, à me laisser porter par lui, à me réfugier dans son amour et à m'y maintenir. A ce moment me viennent tout naturellement à la pensée les paroles du psalmiste : « Dieu, c'est toi mon Dieu que je cherche, mon âme a soif de toi ; après toi languit ma chair, terre aride, altérée, sans eau » (Ps 63,2 s.). Si, au cours de la méditation, je suis intérieurement distrait, de tels gestes contribuent à fixer mon esprit vagabond. Je sens que je suis en présence du Christ avec tout ce qui est en moi.

Laisser l'expérience de la méditation pénétrer sa vie quotidienne

Vous pouvez terminer votre temps de méditation par une prière résumant tout ce que vous voudriez dire au Christ. Achevez le tout par une inclinaison profonde devant lui qui vous regarde avec amour. Puis asseyez-vous et écrivez les pensées et les intuitions les plus importantes advenues au cours de votre temps d'oraison. Vous pouvez écrire une prière ou, tout simplement, la découverte, le sentiment d'accord que vous avez éprouvé. Puis transposez dans votre vie quotidienne tout ce qui a germé en vous. Nul besoin de penser toute la journée à ce que vous avez perçu durant votre méditation ; cela finirait par devenir ennuyeux. Il vous faut plutôt transposer dans vos actes la qualité intérieure à laquelle vous avez accédé à ce moment-là. Ce Jésus qui vous a parlé et, avec lui, le Dieu trinitaire plein d'amour et de miséricorde demeurent dans votre cœur, dans l'espace intérieur de votre silence. Il est précieux de se rappeler tout au long de la journée que nous disposons d'un lieu auquel n'ont pas accès les gens qui entrent présentement dans notre bureau, ceux qui nous tracassent avec leurs problèmes concrets, souvent triviaux. Il y a en vous un secret qui vous permet de rester distant par rapport à tout ce que vous faites. C'est dans cette distance que vous découvrez votre liberté : vous percevez que vous reposez en Dieu et que vous ne vous laissez pas définir par les événements extérieurs. Si vous réussissez à ressentir cette qualité intérieure, vous vous sentez libre et vous pouvez alors consentir aux exigences concrètes de votre travail.

Parfois, à la fin de la méditation, il est aussi utile de rédiger quelques résolutions concrètes. Je suis toutefois prudent en la matière. Dans le monastère où je vis, je me suis souvent aperçu que la méditation est trop compliquée pour qu'on puisse toujours en tirer une résolution. Et, si j'en prends, je constate souvent après coup que j'ai trop exigé de moi-même. Il est impossible de satisfaire à toutes. Au lieu de résolution, je préfère parler d'exercices. Réfléchissez à ceux que vous pouvez faire pour incarner votre méditation dans votre vie.

En conclusion des méditations qui suivent, je propose toujours un exercice pratique qui peut vous aider à traduire vos découvertes dans votre vie quotidienne. A la fin, j'ajoute de temps en temps une résolution concrète de changement, par exemple celle de réorganiser vos journées, de changer de lieu de travail, d'engager le contact ou de le rompre avec certaines personnes, de résoudre enfin un conflit que vous n'avez pas cessé de tenir à distance. Il est parfois précieux de se fixer un rituel journalier susceptible de rappeler l'expérience de votre retraite. Ce peut être notamment celui par lequel vous débutez votre journée, un geste, ou une invocation devenue vraiment importante durant ces jours de solitude. Ce peut être la rédaction de votre journal. De tels rituels ne dépendent pas seulement de votre volonté, souvent fort changeante et trop peu constante. Ils deviennent de bonnes habitudes à travers lesquelles Dieu peut agir en nous en nous emplissant de son Esprit afin que nos journées soient toujours plus pénétrées de sa présence.

Le but des exercices

A la fin des exercices, il faut nous décider à accorder plus de place à Dieu en nous. Dans l'esprit de saint Ignace, on qualifie cette résolution de « décision de croissance ». Si je dois faire davantage place à Dieu, c'est pour qu'il puisse me transformer, pour que le Christ grandisse et prenne forme en moi. Pour les premiers moines, chaque exercice a pour but la contemplation, l'approfondissement de la prière continue, l'acquisition de l'union à Dieu dans la prière. Il ne s'agit donc pas en premier lieu de résoudre des difficultés concrètes, mais de progresser dans l'amour de Dieu, d'acquérir une nouvelle sensibilité à cet amour divin : Dieu qui « a été répandu dans nos cœurs par l'Esprit-Saint qui nous a été donné » (Rm 5,5). Le but ultime de notre vie, la seule réalité qui nous fait vivre vraiment, c'est Dieu.

Par le silence, la prière et la méditation, les exercices visent à nous introduire dans le mystère du Dieu trinitaire qui habite en nous. S'ils font grandir notre désir de ce Dieu, notre vie en tire un goût nouveau, celui de la vie divine, de l'amour divin. Nous percevons alors que notre vocation la plus profonde est de lui faire place en sorte qu'il nous pénètre et nous renouvelle jusqu'à ce que nous parvenions à réaliser en nous l'image que Dieu s'est faite de chacun de nous. Par la pratique incessante de la prière, notre cœur doit finir par se tourner de lui-même vers le Dieu qui peut tout. Si l'Esprit lui-même prie en nous, sans que nous ayons besoin de nous y forcer, nous découvrons que nous sommes nous-mêmes l'habitation de la Trinité. Nous pouvons faire cette découverte qui frappait tant les premiers moines et qui les accompagnait tout au long de leur cheminement : celle que la prière nous rend vraiment humains et que c'est par elle seule que nous percevons notre véritable dignité. Cette prière approfondira notre amour de Dieu. Elle ne cessera de faire grandir en nous notre désir du Dieu trinitaire, jusqu'à nous donner d'entrevoir celui auquel nous aspirions dans notre prière.

Méditations

1

Ma demeure de vie

(Luc 15,8-10)

Vous voulez vous mettre en retraite. Ces exercices ont pour but de nous habituer à une prière incessante en présence de Dieu. Pour ce faire, nous prenons le chemin que Dieu nous a frayé. Notre programme vise à nous entraîner à entendre la voix de Dieu dans notre cœur, à prêter l'oreille aux douces impulsions par lesquelles l'Esprit-Saint nous appelle. Nous cherchons à découvrir notre vocation personnelle. Dieu nous appelle tous à proclamer dans notre vie un aspect de son amour trinitaire, celui que lui seul peut nous communiquer.

Il ne s'agit absolument pas ici de résoudre nos problèmes, d'acquérir une capacité soudaine de régler nos conflits quotidiens. Il s'agit plutôt de Dieu. Lui seul est réalité authentique. Or nous passons le plus souvent à côté de lui. Nous sommes si encombrés par nous-mêmes et par nos soucis que nous le perdons de vue. Nous sommes persuadés que la vraie réalité, c'est notre vie journalière avec ses tâches urgentes. Mais l'essentiel, c'est lui. Le percevoir, ne compter que sur lui, voir en lui la seule réalité devant laquelle tout doit reculer, lui donner de plus en plus de place dans notre vie pour qu'il nous définisse en tout, vivre en lui et de lui : tel est le but de ces exercices. Je souhaite qu'ils vous aident à entretenir en vous une prière incessante, à découvrir en vous l'amour divin, à percevoir les impulsions du Saint-Esprit qui voudrait vous façonner de plus en plus selon l'image que Dieu s'est donnée de vous.

Dans cette série d'exercices, je propose des textes de la Sainte Écriture. Ils visent à conduire à la prière et à donner certaines indications pratiques pour situer en Dieu tout ce qui vous arrive. Il vous en fera saisir le sens. Ainsi sa présence transparaîtra de plus en plus à travers votre vie quotidienne. Prenez tous les jours une heure pour méditer le texte, pour laisser les mots vous pénétrer le cœur et, partant de là, pour en arriver à prier personnellement. Rédigez tous les jours quelques pensées ou quelques découvertes que ce texte aura permises. Faites un journal de retraite pour fixer l'action divine en vous. Ainsi pourrez-vous toujours vous rappeler que Dieu vous a touché et voudrait vous conduire à prier toujours plus profondément.

Comme premier texte, je propose la parabole de la drachme perdue, en Luc 15,8-10. « Quelle est la femme qui, si elle a dix drachmes et vient à en perdre une, n'allume une lampe, ne balaie la maison et ne cherche avec soin, jusqu'à ce qu'elle l'ait retrouvée ? Et, quand elle l'a retrouvée, elle assemble amies et voisines et leur dit : "Réjouissez-vous avec moi, car je l'ai retrouvée, la drachme que j'avais perdue !" »

Cette femme se trouve dans une situation fort semblable à la nôtre. Elle a perdu une drachme, mais, avec celle-ci, c'est elle qui s'est perdue. Dix est un symbole de totalité. En perdant cette pièce, c'est son centre qu'elle a égaré. Nos soucis et nos problèmes nous font souvent perdre de vue notre cœur. Nous faisons beaucoup de choses, y compris de la piété, mais nous avons perdu les agrafes qui font de cette diversité un tout. Nous prions, nous allons à la messe, mais nous ne vivons pas au centre de nous-mêmes, au cœur de nous-mêmes. Par manque de vigilance, comme le dit saint Grégoire de Nysse, nous avons égaré notre véritable moi. C'est pourquoi, à travers ces exercices, Jésus nous invite à nous mettre en recherche de l'image de Dieu en nous.

Il nous faut tout d'abord allumer une lampe. Avec elle, nous pourrons examiner les abîmes de notre âme, projeter la lumière de notre conscience dans les ténèbres de celle-ci, dans ce qui y gît, inconscient et refoulé. Il nous faut balayer notre maison. Nous avons laissé tant de saletés et de poussière s'accumuler sur notre image divine originelle. Ou peut-être avons-nous oublié la drachme au milieu de l'entassement de nos meubles, au milieu de toutes les activités qui ont fini par prendre toute la place ?

Faire retraite signifie balayer sa maison pour que Dieu puisse y emménager et s'installer partout, pour qu'il puisse lui-même retrouver la drachme enfouie n'importe où en nous, toujours plus profondément. En guise d'arrière-plan de cette parabole, je vous invite à dessiner votre habitation. Il ne s'agit pas de faire une belle peinture. Dessinez votre maison avec ses étages et ses chambres. Qu'y a-t-il dans la cave ? Y a-t-il des pièces fermées auxquelles personne ne peut accéder ? Ou des endroits où vous avez peur d'entrer, parce qu'il pourrait s'y trouver quelque explosif, ou bien parce que vous y avez entassé des choses refoulées qui rongent les fondements de l'immeuble ? Qu'en est-il du rez-de-chaussée ? Dans quelles pièces vous tenez-vous le plus souvent ? Où vous sentez-vous le mieux ? Où fait-il froid ? Où faites-vous entrer vos invités ? Êtes-vous vraiment maître ou maîtresse chez vous, ou bien y a-t-il des sous-locataires qui vous rendent la vie difficile, ou des propriétaires qui ne cherchent qu'à vous faire partir ? Ces sous-locataires ou ces propriétaires, qui sont-ils ? Les peurs qui se sont glissées partout chez vous, les soucis, les amertumes, les rancœurs, la jalousie ? Qu'y a-t-il au premier étage ? Quelles chambres occupez-vous de préférence ? Dieu a-t-il sa place partout, ou l'avez-vous chassé de certaines pièces parce qu'il vous serait désagréable qu'il puisse y voir ce que vous y avez mis ? Si vous avez orné votre maison, pouvez-vous décrire chaque pièce, autrement dit vos soucis, vos pensées, vos problèmes, vos sentiments ?

Demandez-vous alors où votre drachme peut se trouver, dans quel endroit la chercher, où vous devez laisser entrer Dieu pour qu'il vous la fasse voir. Un mystique allemand, Jean Tauler, pense que, quand nous sommes en crise, Dieu lui-même vient chez nous chercher la drachme. Il agit à l'instar d'une femme qui déplace tous ses meubles, soulève les chaises, fouille partout pour retrouver son argent. Peut-être la pièce de monnaie se trouve-t-elle justement là où vous vous êtes le mieux installé ?

Quand vous avez médité et investi de votre prière votre maison en présence de Dieu, essayez de parler une demi-heure à voix haute avec lui. Faites-lui visiter votre demeure, expliquez-la-lui. Demandez-lui alors ce qu'il a à vous en dire. Essayez de vous imaginer qu'il est vraiment là, et dites-lui alors tout ce qui vous passe par la tête. Mais, en faisant cela, n'arrêtez pas de vous demander ce qu'est la vérité de votre vie. Qu'en est-il exactement de moi-même ? Dans le fatras de tout ce que je tiens caché, que me faut-il enfin dire à Dieu ? Où me faut-il le laisser entrer pour qu'il puisse éclairer de sa lumière toutes les chambres ? Allez bien jusqu'au bout de cette demi-heure de prière à voix haute, même si, au bout de dix minutes, vous avez envie de vous taire. Si vous ne sentez pas la présence de Dieu, dites-le-lui. Si vous commencez à ressentir de l'humeur, exprimez-lui votre mécontentement. Il n'est pas si facile de se laisser aller à prier à voix haute. Mais peut-être vous apercevrez-vous ainsi que cela vous conduit à la vérité. Et seule la vérité peut nous rendre libres. En ce début de nos exercices, je vous souhaite un bon entretien avec Dieu : qu'il commence lui-même à éclairer votre maison et vienne y habiter avec son amour et sa miséricorde.

⁂

Prière

Dieu bon et miséricordieux, emplis ma maison de ta lumière et de ton amour. Montre-moi où j'ai égaré ma drachme, où j'ai enfoui ton image en moi, au milieu de mes soucis, de mes affaires, sous mes peurs et mes peines, parmi les mille idées qui me viennent tout au long de la journée. Chasse de chez moi tout ce qui déforme ton image. Demeure en moi, pour que je puisse habiter toutes les pièces de ma maison, que je puisse y rester avec toi et me trouver moi-même avec toi et en toi, tel que tu m'as créé et imaginé. Amen.

2

« Tais-toi et écoute » (Marc 7,31-37)

Lorsque, dans votre prière, vous conversez à haute voix avec Dieu, vous sentez souvent combien vous êtes muet. En sa présence, vous ne trouvez pas les mots pour exprimer votre vérité. Nous avons sans doute beaucoup à lui dire, mais il est difficile de le faire de façon appropriée. Nous découvrons à quel point il est malaisé de traduire ce qui sommeille au fond de notre cœur, nos pressentiments, notre souffrance, nos blessures, nos désillusions, notre amertume.

Aucun mot ne nous vient sur les lèvres. Nous tentons sans cesse de balbutier ce qui reste caché au fond de notre cœur, mais à peine avons-nous essayé que nous nous arrêtons. Nous n'osons pas révéler notre vérité la plus profonde.

En guise de second texte de nos exercices, je vous propose donc la guérison du sourd-muet, en Marc 7,31-37. L'évangile raconte : « S'en retournant du territoire de Tyr, Jésus vint par Sidon vers la mer de Galilée, à travers le territoire de la Décapole. Et on lui amène un sourd, qui de plus parlait difficilement, et on le prie de lui imposer la main. Il le prit hors de la foule, à part. »

Pendant ces exercices, Jésus nous prend à part, à l'écart de la foule, loin du bruit quotidien, de tous ces gens qui nous entourent et qui nous occupent. En grec, il est dit : *kar idian*. Cela peut aussi signifier nous emmener chez lui, se retirer chez soi. Pendant ces exercices, Jésus entend nous prendre chez lui, nous faire habiter avec lui. Il nous prend dans son cœur pour que nous apprenions de celui-ci ce que Dieu voudrait faire en nous. Cette forme de traitement qu'il nous fait subir est bien particulière. Je dois être seul avec lui, et il se consacre alors entièrement à moi. Il me met à son école et entend soigner mes infirmités. Il s'agit là de *ma* surdité et de *mon* mutisme.

Je suis assez souvent sourd à ce que Dieu entend me dire. Je me suis bouché les oreilles, de sorte que sa voix si légère ne peut plus m'atteindre. Un père de famille me racontait que, une fois à sa table de travail, il n'entendait plus ses enfants crier. Nous sommes nous-mêmes souvent trop occupés pour percevoir l'appel de Dieu. Nous n'entendons pas non plus ce qu'il voudrait nous dire à travers notre prochain. Nous n'entendons que ce qui nous rassure, mais non ce qui nous remet en question. Nous ne percevons pas les tonalités des cris des autres. Nous entendons bien des mots, mais non pas les gens, leur cœur, leur appel au secours.

Nous sommes aussi muets. Peut-être suis-je devenu tel parce que les autres ne m'ont pas compris, parce qu'ils ne m'ont pas permis de parler ? On a souvent étouffé ma voix en trompant ma confiance. Ou peut-être suis-je devenu muet en présence de Dieu parce que je pense qu'il n'a pas entendu mon appel ? A moins que je ne ferme la bouche parce que j'ai peur de révéler ma vérité aux hommes ou à Dieu ? Je me cache plutôt derrière un flot de paroles, derrière des déclarations pieuses, afin que personne ne puisse découvrir ce qui ne va pas et ce qu'il en est vraiment de moi.

Jésus guérit le sourd-muet en cinq temps. Il nous fait ainsi découvrir ce que signifie vraiment entendre et parler, autant par rapport à Dieu que par rapport à notre prochain. Nos exercices ont cette double fonction : entendre vraiment, parler correctement.

Jésus commence tout d'abord par mettre le doigt dans l'oreille du malade. Le grec déclare : « Il lui mit ses doigts dans les oreilles. » Il lui bouche les oreilles pour qu'il ne distingue plus le bruit qui nous vient de l'extérieur et qui nous empêche d'entendre vraiment. Il nous fait comprendre à quel point nous sommes blessés.

Au cours de ces exercices, il nous faut parfois nous boucher les oreilles pour pouvoir entendre vraiment, entendre ce que Dieu veut nous dire. Au lieu d'écouter les bruits extérieurs, c'est de l'intérieur du cœur qu'il faut percevoir sa voix si légère. Ce faisant, nous pourrons aussi nous ouvrir à la voix des gens qui nous entourent, ceux dont les mots nous parlent de Dieu. Nombreux ceux qui se bouchent les oreilles parce qu'ils ont peur de l'agressivité ou du mépris qu'ils croient déceler dans les mots des autres. Quand Jésus nous met avec amour le doigt dans les oreilles, il entend nous dire que, même dans les paroles agressives, il y a un désir d'entrer en relation avec nous.

Le second temps de la guérison consiste en ce que Jésus met un peu de salive sur la langue du sourd-muet. On peut y voir un geste de tendresse, comme un baiser. Il s'approche de l'homme comme une mère qui soigne l'écorchure de son enfant en la suçant. On ne peut pas obliger quelqu'un à parler. Pour lui délier la langue, il faut créer une atmosphère d'intimité et d'acceptation. Dans nombre de psychothérapies, il faut beaucoup de temps pour que le patient puisse vraiment dire ce qui le touche. Cela suppose de la confiance. C'est alors seulement que la vérité se traduit en mots.

Fridoline Stier traduit ainsi ce passage : « Jésus cracha et lui tint solidement la langue. » De cette façon, elle veut dire que Jésus doit commencer par stopper le flot de nos paroles pour nous apprendre à vraiment parler. Nous nous cachons si souvent derrière nos mots. Il y a des gens qui, en compagnie, n'arrêtent pas de parler. Il leur faut débiter assez de paroles pour que personne ne puisse avoir l'idée de leur demander leur vérité. Celle qu'ils se camouflent. Au cours de ces exercices, nous avons besoin de silence pour percevoir la voix de Dieu : c'est le silence qui nous permet de nous confronter avec lui et avec nous-mêmes. Cependant nous ne devons pas interdire de parler à notre seule langue, mais aussi à nos pensées. Car, même quand nous nous taisons, notre raison continue à fonctionner. Notre tête est sans cesse tirée à hue et à dia, nous demandant s'il faut faire ceci ou cela, quelle décision prendre. Bien souvent, ces ruminations sont une façon d'éviter notre vérité. Nous préférons tourner en rond dans notre tête plutôt que de laisser Dieu entrer dans notre cœur. Il se peut même que nous agitions de pieuses pensées, mais elles n'ont pour but que d'éviter que Dieu vienne lui-même nous toucher. Au cours de ces exercices, il s'agit d'introduire Jésus dans notre cœur pour qu'il puisse nous faire entendre des mots capables de nous toucher, de découvrir notre vérité authentique et de nous guérir, des mots capables d'imposer le silence à toutes nos pensées, des mots d'amour qui nous établirons dans la paix.

Troisième temps de la guérison du sourd-muet : Jésus lève les yeux au ciel. Au cours de ces exercices, il entend tourner notre regard vers le Dieu. Par sa prière au Père, il ouvre le firmament au-dessus de nous. Quand, dans ces exercices, nous rencontrons Jésus d'une façon nouvelle dans la méditation et le silence, le ciel s'ouvre et, d'un seul coup, tout devient clair. D'un seul coup, nous pouvons enfin proférer un oui dans notre vie. Notre cœur s'élargit et nous savons que tout est bien. Mais, en tournant son regard vers en haut, Jésus veut aussi nous montrer que, dans chaque mot que nous disons ou entendons, il s'agit finalement de Dieu. Chaque parole se fonde en dernier ressort sur la parole divine. Le véritable mystère de l'écoute et de la langue, c'est finalement que Dieu nous parle. Nous devrions apprendre à écouter de telle sorte qu'en chaque parole de la Bible nous puissions voir le ciel ouvert au-dessus de nous, qu'à travers chaque mot Dieu nous parle au cœur. Même dans les propos des hommes, nous devrions toujours percevoir le désir de Dieu. C'est alors que nous entendrions vraiment. Et, à travers chaque mot que nous proférons, il s'agit finalement de rendre Dieu perceptible en ce monde, de dire des paroles d'amour qui rendent sensible son amour. Le but de chaque entretien authentique, c'est d'ouvrir le ciel au-dessus de nous. Nous avons tous éprouvé combien une conversation profonde arrête le temps et rend Dieu proche, comment le ciel forme alors une voûte au-dessus de nous et combien notre cœur se dilate. En nous conduisant à nous taire et à nous boucher les oreilles, ces exercices veulent nous rendre sensibles à ce qui peut se passer dans l'écoute et dans le discours à partir du moment où nous nous y livrons authentiquement.

Alors Jésus soupira, ce que l'on peut aussi traduire en disant qu'il poussa un gémissement. Cela marque la violence de son effort. Il lutte en ma faveur, afin que je me décide vraiment pour Dieu, que je me libère de toute dépendance, que je mette fin à mon propre emprisonnement, que je laisse vraiment Dieu entrer dans ma vie. Il se bat avec ma maladie, avec mon mutisme et ma surdité, afin que par tous mes sens je puisse m'ouvrir à Dieu. Son gémissement fait voir à quel point il souffre pour moi, et qu'il agit, non pas de l'extérieur, mais en me faisant entrer chez lui. Il m'ouvre son cœur pour que j'y trouve le repos, pour que j'y redevienne bien portant afin que je puisse en retour ouvrir totalement mon propre cœur à Dieu.

Ce n'est qu'après ce quatrième temps que retentit la parole libératrice. Jésus dit au sourd-muet : *ephphatha*, c'est-à-dire ouvre-toi. Dans notre rencontre, il entend ouvrir tous mes sens à Dieu : mes oreilles, afin que je l'entende à neuf, mes yeux, pour que je puisse le reconnaître vraiment – je dois aussi jeter un regard renouvelé sur le monde, afin de pouvoir y reconnaître Dieu –, mon tact, pour que je découvre dans le vent et dans le soleil la tendresse de l'amour divin. Trouver Dieu partout : c'est ainsi que saint Ignace caractérise l'ouverture à laquelle ces exercices voudraient nous conduire. Je suis ouvert si je perçois à tout moment avec attention ce qui existe, si c'est en pleine conscience que je marche, m'assois, me tiens debout, respire, écoute.

Chez le sourd-muet, l'ouverture se traduit par le fait de retrouver l'ouïe et par la rupture des liens de sa langue. L'image du lien indique que le malade était au pouvoir du démon, dont Jésus le délivre. Chez nous, ce pouvoir du démon peut consister en peur, ou en n'importe quelle contrainte qui nous ligote. Nous craignons de dire ce qu'il y a en nous, car nous pourrions en être blessés. Nous sommes comme obligés de parler sans cesse pour nous détourner de nous-mêmes. Jésus voudrait nous délivrer des liens de ces peurs et de ces contraintes pour nous réapprendre à parler correctement, à parler comme cela convient à Dieu. Cela veut dire que nos mots permettront la relation, que ce seront des paroles d'amour capables de toucher les autres, de les éveiller à la vie, des mots d'encouragement qui les remettront debout, des mots de vie, de consolation, des mots qui les conduiront à la liberté.

Si vous méditez ce récit de guérison tout au long du jour, ne vous contentez pas de le faire lors de vos temps de silence. Il s'agit de transposer cette histoire dans votre vie quotidienne, dans votre travail, dans votre écoute, dans vos propos. Veillez à ce que vous écoutez et à ce que vous dites, en faisant attention à ce que cela vienne du cœur. Exercez-vous à reconnaître la voix de Dieu dans tous les mots que vous entendez. Apprenez à parler de telle sorte que vos mots débordent d'un cœur plein d'amour. Vous découvrirez alors que ce que vous dites touche les gens qui vous entourent et les éveille à la vie, que cela suscite une relation et que le ciel s'ouvre au-dessus de vous. Si vous écoutez avec attention, si vous ne parlez qu'en pleine conscience, vous apprendrez qu'en définitive il s'agit de percevoir à travers chaque mot la parole de Dieu et de faire résonner en toute parole celle de Dieu même. Et une parole de Dieu est toujours une parole d'amour, une parole qui fait vivre. En méditant ce récit de guérison, efforcez-vous de prier inlassablement, de telle sorte que vos oreilles s'ouvriront toujours plus à l'entretien que

Dieu mène avec vous, que vos lèvres ne cessent de louer Dieu pour tout ce qu'il réalise en vous et vous donne à chaque instant. Alors vous pourrez vous joindre à la louange de la foule : « Il a bien fait toutes choses ; il fait entendre les sourds et parler les muets. »

⁂

Prière

Dieu de bonté, ouvre mes oreilles, de telle sorte que, au cours de ces exercices, je perçoive ta parole, que j'entende celle-ci avec mon cœur et que je m'en laisse transformer. Rends-moi sensible aux plus légères modulations de ta voix. Ouvre ma bouche, afin que je puisse te louer et chanter tout ce que tu as fait. Par ton Esprit-Saint, rends-moi capable de redresser et d'encourager par mes propos les gens que je rencontre. Que mes paroles soient des paroles d'amour créatrices de relation, des paroles de guérison et de consolation, de libération et de réconciliation, des paroles capables de révéler des horizons neufs, de faire s'entrouvrir le ciel et de faire saisir à tous combien leur vie est précieuse et unique. Amen.

3

La main sur ma plaie
(Marc 1,40-45)

Quand, au cours de ces exercices, nous nous mettons en présence de Dieu, nous prenons douloureusement conscience de nos blessures et de nos plaies. Il n'existe personne dont la vie puisse en être exempte. Bien sûr, ces exercices ne sont pas en premier lieu une thérapie, mais une rencontre avec Dieu. Nous ne pouvons cependant rencontrer celui-ci sans y apporter tout ce que nous portons en nous. Si nous voulons prier, nous devons le faire avec notre vérité tout entière. Nous nous mettons en présence de Jésus-Christ, le sauveur, et il entend bien guérir nos blessures et nos maladies. Aussi longtemps que nous négligeons de reconnaître nos maux, nous nous faisons du mal à nous-mêmes et nous refusons de nous ouvrir totalement à Dieu. En évitant d'avouer les blessures passées, nous nous condamnons soit à blesser les autres, soit à nous faire du tort à nous-mêmes. Je rencontre sans cesse des gens qui s'exposent inconsciemment à des situations où se répètent leurs blessures d'enfance mal guéries. Une jeune fille cherche, par exemple, un ami qu'elle pourra mépriser parce qu'elle n'a jamais pris au sérieux son père. Une personne recherche une compagnie qui la blesse comme le faisait sa mère.

La guérison du lépreux, telle que la raconte Marc 1,40-45, nous invite à révéler toutes nos plaies au Christ pour qu'il puisse les toucher et les guérir. Ce malade est venu à lui en l'appelant à l'aide. Un lépreux, c'est-à-dire quelqu'un qui ne peut se tenir debout, qui ne peut s'accepter et qui se sent par là même exclu par les autres. Il s'agit souvent là d'un cercle vicieux que nous sommes incapables de briser nous-mêmes. Nous ne pouvons consentir à ce que nous sommes, et nous ne percevons alors les mots et les gestes des autres que de façon négative : si quelqu'un parle, c'est qu'il daube sur moi ; si quelqu'un rit, c'est de moi ; je ne vois partout que refus de moi. Je me tiens de plus en plus à distance, tout comme devaient le faire les lépreux en Israël : ils devaient demeurer à l'écart et n'avaient le droit de s'approcher d'aucune personne bien portante. C'est ce que ressentent aujourd'hui beaucoup de gens. C'est à l'écart des autres qu'ils vivent leurs peurs, leur refus d'eux-mêmes, leur incapacité d'entrer en relation. Ils sont continuellement dans la crainte de peser sur les autres : « Je suis vraiment impossible. On ne peut pas m'aimer. »

Dans notre histoire, notre lépreux est conscient de son malheur et de son désespoir. Il ose briser la barrière de sa solitude. Il vient vers Jésus, tombe à ses pieds et déclare : « Si tu le veux, tu peux faire que je devienne pur » (Mc 1,40). Tout comme lui, nous devons nous aussi avouer notre impuissance. Nous ne pouvons nous guérir nous-mêmes. Nous ne pouvons même pas décider de nous accepter désormais nous-mêmes, tels que nous sommes ; nous avons besoin de découvrir que quelqu'un nous accepte sans condition. Le lépreux croit que Jésus peut le purifier, qu'il peut le libérer de tous les reproches qu'il se fait à lui-même, de son besoin de se déprécier et de se flageller lui-même, d'échapper à l'angoisse de se voir rejeté comme nul. Il sait aussi que toutes ses tentatives pour échapper au cercle vicieux du refus de soi-même et du rejet par les autres sont vouées à l'échec. Chez nous aussi, le salut ne peut commencer que si nous nous rendons ainsi à Dieu, que si, comme le lépreux, nous tombons à genoux aux pieds de Jésus-Christ, sauveur du monde, et que nous crions du plus profond du cœur vers celui qui, seul, peut nous aider et nous guérir.

La description de la guérison du lépreux comporte quatre temps, ceux qui peuvent aussi devenir pour nous les temps du salut. Jésus a pitié du malade. Le grec dit *plachnisteis*. Il est saisi aux entrailles. Les entrailles sont le lieu des sentiments blessés. Jésus ne traite pas le malade de l'extérieur. Il le laisse l'envahir. Il ressent avec lui. Il ressent avec moi. Il se laisse blesser par moi. Dans et par ses plaies, il peut guérir les miennes. Puis Jésus étend la main. Il franchit l'abîme qui existe entre le lépreux et lui. Celui qui se refuse lui-même ne peut parfois pas admettre que quelqu'un tende la main vers lui. C'est pourquoi Jésus ne prend pas immédiatement la main du malade, mais lui tend lui-même la sienne. Il crée un pont et permet au malade de venir lentement à lui. Je connais beaucoup de gens qui n'osent pas venir à Jésus avec toutes les purulences qu'ils traînent. Il est consolant de savoir qu'il nous tend lui-même la main, qu'il nous appelle à faire le pas qui nous fera sortir de nous-mêmes.

Alors Jésus touche le lépreux. Il n'est pas agréable

d'aborder un tel malade. On se salit soi-même les mains. Jésus n'a absolument pas peur de ce contact. Il me touche précisément là où je suis nul et dégoûtant, là où il n'y a que purulence et œdème. Il me touche exactement à l'endroit que je voudrais pouvoir cacher aux autres et à Dieu, parce qu'il m'est insupportable, parce que je ne puis même pas le regarder moi-même sans dégoût. Dans la prière, je consens vraiment à ce que la main de Jésus vienne tout toucher pour tout guérir, afin que je puisse moi-même oser le toucher lui-même avec amour et embrasser sa main. En posant sa main sur mes plaies, Jésus me dit : « Je le veux, sois purifié. » En disant ces mots, il fait couler en moi la force de son amour. Il ne s'agit pas là d'une parole en passant, mais bien de la force de son cœur. A travers elle, c'est toute son affection et son acceptation inconditionnelle de moi qui se répand en moi, sa volonté absolue que j'existe, que je vive, que je sois pur et en bonne santé, que je devienne bon et clair comme au jour où Dieu me créa.

Dans le récit, il est dit : « Au même moment, la lèpre disparut et l'homme redevint pur. » Cela paraît trop beau pour être vrai. Chez nous, les choses ne vont pas si vite. Mais si nous jetons notre lèpre, tout ce qui nous dégoûte, notre nullité, dans une prière pleine d'amour du Christ, si nous laissons couler dans notre refus de nous-mêmes le flot de cet amour, il peut arriver que nous puissions d'un seul coup nous accepter inconditionnellement nous-mêmes. Je le découvre soudain : je puis être ce que je suis. Tout est bien. Au cours de ces exercices, nous devons dans notre prière porter au Christ toutes les plaies qui surgissent. Car tout ce que nous excluons de notre relation avec lui ne fera qu'entraver notre vitalité et bloquer notre relation à Dieu.

Au cours des prochains jours, je vous invite à revenir sans cesse exposer au Christ tout ce que vous ne pouvez supporter en vous, ce que vous préféreriez cacher. Exercez-vous à le faire en priant du fond du cœur. Avouez votre incapacité à vous améliorer tout seul. Remettez-vous-en à la miséricorde de Jésus en vous laissant aller dans ses bras. Confiez-vous à lui et pensez qu'il ressent les choses avec vous, qu'il tend le bras vers vous et vous touche et que, par cette simple parole, « je le veux, sois purifié », il injecte en vous un amour brûlant qui vous guérit. Si vous allez communier ces jours-ci, vous pouvez penser que, dans l'hostie, il vient lui-même vous tendre la main. Il vous touche et chasse tout ce que vous refusez et refoulez en vous. Le pain que vous mangez dans l'eucharistie est l'incarnation de la déclaration divine : « Je le veux, sois purifié. » S'il veut que vous deveniez pur, vous devez vous aussi vouloir de toutes vos forces qu'il en soit ainsi en vous parce que Jésus vous a touché, que tout soit bon en vous parce que le Christ consent à ce qui est en vous.

⁂

Prière

Seigneur, je viens à toi avec tout ce que je ne puis souffrir en moi, avec toutes ces nullités que j'aimerais tant cacher aux autres, avec la lèpre qui m'exclut de la communauté humaine. Je te tends ma vérité et je t'en supplie : touche-moi de ta main pleine d'amour, guéris-moi, afin que j'ose enfin entrer en contact avec tout ce qu'il y a en moi de sombre et de pénible, avec tout ce que j'ai refoulé, exclu de ma vie. Dis seulement un mot d'amour et de consentement à tout ce qu'il y a en moi, pour que je puisse percevoir de tout cœur qu'en moi tout est pur et bon en ta présence. Amen.

4

Prier en secret
(Matthieu 6,5-6)

Faire des exercices, c'est s'entraîner à la prière, c'est suivre une école de prière. En Matthieu 6,5-6, dans le Sermon sur la montagne, Jésus nous dit comment faire : « Quand vous priez, ne soyez pas comme les hypocrites : pour faire leurs prières, ils aiment à se camper dans les synagogues et les carrefours afin qu'on les voie. En vérité je vous le dis, ils tiennent déjà leur récompense. Pour toi, quand tu pries, retire-toi dans ta chambre, ferme sur toi la porte, et prie ton Père qui est là, dans le secret ; et ton Père, qui voit dans le secret, te le rendra. » En disant cela, Jésus renvoie aux diverses formes de prière chez les juifs. A certains moments, ils se rendaient au temple, mais pouvaient aussi se retirer chez eux. Pour beaucoup d'entre eux, même pour les membres de cercles pharisiens, il s'agissait là d'une règle méritoire. Pour bien se faire voir, on se tenait debout. On multipliait les prières en se prêtant ainsi à l'admiration des gens. Jésus se dresse contre de telles façons de faire : dès lors que les prières ne visent qu'à nous mettre en valeur, elles ne sont plus que comédies. Jésus nous invite au contraire à nous retirer en un lieu isolé, là où personne ne nous verra. Il nous parle d'une chambre, chez les campagnards de Palestine, une espèce de hutte. Avant de prier, il faut en fermer la porte.

Pour Jésus, la prière est donc une affaire qui se passe uniquement entre Dieu et nous. Il n'est plus question de nous faire valoir devant les autres, même sous prétexte de les édifier. Nous devons renoncer à tout ce qui, en elle, nous donnerait un quelconque sentiment de supériorité : puisque je prie, je suis meilleur que les autres et je peux les regarder d'en haut. Or c'est bien comme cela que les hypocrites comprennent la prière. Pour eux, il ne s'agit pas de Dieu, mais de leur prestige. Leur but, ce n'est pas de rencontrer Dieu, mais de se pousser du col en se croyant supérieurs aux autres. En priant, ils ne font que tourner autour d'eux-mêmes.

Notre prière doit se dérouler dans le secret. Cela ne signifie pas seulement que nous devons fuir les yeux des autres. Le secret désigne aussi la pièce intérieure dans laquelle nous devons nous retirer. Se retirer dans le secret, c'est rentrer dans la chambre de son cœur et y fermer la porte à tous les bruits du monde. Prier, c'est laisser entrer Dieu dans ma chambre, afin de me retrouver seul à seul avec lui et de le laisser me transformer. La prière est donc quelque chose de très intime. Elle se passe au plus profond de notre âme. C'est là que nous rencontrons Dieu, car il se cache en notre cœur. Il existe en nous un espace de silence auquel le monde n'a pas accès, et où même le tapage de nos propres pensées ne peut pénétrer. C'est là que Dieu habite en nous et, là où Dieu habite, toutes nos pensées doivent faire silence : les reproches que nous nous faisons à nous-mêmes, nos sentiments de rancune, nos conflits avec les autres, nos insatisfactions, nos mécontentements, nos jalousies, nos calculs. Tout en nous doit devenir tranquille. Nous sommes alors vraiment libérés du pouvoir de ce monde, du pouvoir des hommes, de leurs attentes, de leurs exigences, de leurs jugements, de leurs préjugés. Prier ne signifie pas seulement que nous nous entendons avec Dieu au sujet de notre vie, que nous lui demandons si celle-ci est correcte et comment la mener. Selon les mots de Jésus, cela signifie plutôt que nous entrons dans l'espace intérieur du silence, que nous nous mettons à l'abri du bruit de ce monde pour nous retrouver seul avec Dieu, pour nous retrouver tranquilles avec lui qui habite dans cet espace secret.

C'est ainsi que les mystiques ont toujours compris les choses. Évagre le Pontique, un des écrivains monastiques les plus importants du IVe siècle, nous parle du lieu divin où, en nous, brille la véritable lumière grâce à laquelle nous découvrons notre véritable identité, l'image intacte de notre être telle que Dieu l'a tracée. Et il qualifie cet espace intérieur de « revue de la paix ». Le silence y est total. Là cessent tous les soubresauts qui agitent si souvent notre âme, ceux de nos besoins, de nos passions, de nos émotions, de nos pensées si contradictoires. Là, notre cœur trouve le repos, car là règne la paix de Dieu. C'est en même temps le lieu d'où sont exclues toutes les disputes humaines. L'accès en est barré à toute malveillance, à tout refus. Là, peu importe ce que les autres pensent et disent de nous : nous sommes seuls avec Dieu. C'est là que nous avons notre patrie, parce que Dieu lui-même, mystère par excellence, y repose. On ne se trouve vraiment chez soi que là où demeure le mystère.

Jésus nous dit que le Dieu qui habite en nous voit aussi ce qui est enfoui. Il regarde dans notre cœur. Il connaît tous les recoins de notre âme, ceux où nous aimons nous faufiler pour nous cacher de lui et des hommes. Il perce les motifs égoïstes de nos prières. Rien n'échappe à ses yeux. Il ne nous reste finalement qu'à nous présenter à lui dans une nudité totale. En le laissant voir tout ce qu'il y a en moi, je me découvre vraiment libre. Seule la vérité nous rend libres, nous dit Jésus dans l'évangile de saint Jean. Si je cesse de cacher quelque chose à Dieu, je cesse par là même de me détester et de me condamner. Je sais que tout ce qui est sombre et mauvais, ce qui me rend amer et m'empoisonne – les replis les plus profonds de mon cœur – est aussi habité par l'amour de Dieu. Je n'ai donc plus besoin de me mettre à l'abri de moi-même. Je puis occuper la totalité de ma maison. Car chaque chambre, même la cave la plus obscure, est demeure divine : Dieu l'éclaire de la chaude lumière de son amour. Nombreux sont ceux qui n'occupent que la moitié de leur maison. Mais les espaces inoccupés contaminent par leur moisissure tout l'immeuble. Ce que nous nous cachons à nous-mêmes, à Dieu ou aux autres, tue notre vitalité.

L'histoire de la spiritualité recourt aux images les plus diverses pour décrire les chambres intérieures où nous devons nous retirer pour prier. Les Pères de l'Église parlent du saint des saints. Ils font ainsi allusion au temple avec ses différents cours et portiques, dont certains n'étaient accessibles qu'aux hommes, d'autres aux femmes, d'autres aux païens. Mais, au saint des saints, seul le grand prêtre pouvait accéder. Dans le saint des saints de notre cœur, seul le Christ entre pour prier le Père en nous et avec nous. Cet espace est fermé aux païens, autrement dit à tous les soucis qui, si souvent, nous accablent, ceux liés à notre travail, à notre famille, à nos amis ou, tout simplement, à nous-mêmes, à notre santé ou à notre perfection, nos susceptibilités, nos peurs. Dans ce saint des saints où je viens faire ma prière, je viens donc me sanctifier, guérir, retrouver le contact avec l'éclat originel que Dieu me prêtait, avec l'indestructible beauté qu'il m'a conférée.

Catherine de Sienne parle de la cellule intérieure où nous nous retirons pour prier, celle où nous nous retrouvons seul avec Dieu. Pour Thérèse d'Avila, la prière intérieure a lieu dans la pièce la plus profonde du château de notre âme, où nous nous sommes retirés avec le seul ami auquel nous voulons parler, Dieu, parce que nous sommes certains qu'il nous aime. « *Cella est coelum* », disent les moines : la cellule intérieure est le ciel, c'est là que le ciel s'ouvre au-dessus de nous. Là, notre vie s'élargit. Là, nous percevons que nous ne sommes pas seulement créatures terrestres, mais aussi créatures célestes. Là nous avons part à la gloire du ciel, nous participons à l'hymne de louange éternelle qui y retentit. Les moines disposent encore d'une autre notion pour qualifier leur cellule : *cella est valetudinarium* ; la cellule est l'infirmerie où nous retrouvons la santé. Puisque Dieu y habite, si j'y demeure dans la prière, j'y guéris. Je m'y trouve enveloppé par la présence aimante et salvatrice de celui qui vient soigner mes plaies : son amour se glisse dans mes ressentiments, panse mes blessures, calme mes jalousies et mes sentiments d'amertume, cure les recoins empoisonnés de ma vie et de mon âme, attendrit ce qui est durci, remet au jour ce qui est refoulé, coupé de la vie. Dans l'espace du silence, je redeviens neuf. Me reste à faire déborder cette santé de ma cellule intérieure dans toutes celles de ma maison, afin que le salut divin s'affirme partout chez moi.

Autres images utilisées à propos de cet espace intérieur de la prière : celle de la fiancée du Cantique des cantiques. C'est un jardin fermé, une source scellée (Cant 4,12). En nous jaillit la source de l'Esprit-Saint, celle de l'amour divin. Mais, bien souvent, cette source est bouchée par un amas de gravats – nos soucis, nos ruminations – qui se sont peu à peu accumulés et forment barrage. Dans la prière, nous nous débarrassons de toute cette sédimentation et nous redonnons libre cours à la source dont l'eau pure vient baigner nos profondeurs. Nous pouvons alors puiser à cette source d'amour ; à l'amour même de Dieu, celui dont le Cantique des cantiques déclare : « Ton amour est plus doux que le vin » (1,2). Dans la prière, c'est à cette source de l'amour divin que je m'abreuve afin que celui-ci puisse couler en moi et chez tous ceux que je rencontre quotidiennement.

Autre image encore : la flamme. C'est à elle que recourt encore le Cantique des cantiques pour décrire l'amour. « Ses traits sont des traits de feu, des flammes puissantes » (Cant 8,6). Luc parle du feu du Saint-Esprit. En nous, le feu du Saint-Esprit, c'est l'amour divin. Nous n'en sommes pas consumés, mais vivifiés. Il n'a pas pour retombée les cendres d'espérances sans lendemain, mais la braise ardente d'une charité durable. Prier signifie ranimer en nous l'ardeur du feu divin qui vient nous réchauffer et nous revivifier afin que nous puissions à notre tour répandre cette chaleur sur les autres. Prier veut dire que je protège en moi le feu afin que, de ce feu de l'amour divin, puisse jaillir une étincelle sur tous ceux auxquels j'ai affaire.

C'est pourquoi, en guise d'exercice, je vous propose de vous asseoir en silence devant Dieu. Entrez dans la chambre de votre cœur et efforcez-vous de fermer la porte. Donnez-vous une demi-heure ou une heure pour vous retrouver simplement seul avec Dieu. Observez votre respiration et imaginez-vous que, en expirant, vous évacuez tous les éboulis de votre histoire, ceux qui se sont accumulés dans votre cellule intérieure, ceux qui bouchent la source scellée et étouffent la braise du foyer. Puis prenez l'image qui vous convient le mieux, celle de la source intérieure, de la flamme qui brûle en vous, du saint des saints où vous trouvez le salut, de la cellule intérieure où vous êtes assis seul avec Dieu et où vous pouvez parler avec lui comme avec un ami, ainsi que le disait Thérèse d'Avila. Restez ainsi assis une demi-heure. Au début, vous constaterez que les portes de votre maison ferment mal, qu'en dépit de vos efforts, le bruit de vos pensées fait sans cesse irruption. Mais ne vous en inquiétez pas. Regardez ces pensées et laissez-les disparaître comme un nuage. Retirez-vous encore plus profondément dans votre chambre intérieure, là où rien ne peut plus pénétrer. Peut-être y aura-t-il quelques instants où vous aurez l'impression d'un silence total. C'est alors que vous ferez l'expérience à laquelle Jésus entend nous introduire par son école de la prière : être seul avec Dieu, être uni à celui qui aime mon âme, être en Dieu, toi en moi et moi en toi. Peut-être pourrez-vous alors dire comme sainte Thérèse : « A celui qui a Dieu, rien ne manque : Dieu suffit. »

⁂

Prière

Seigneur Jésus-Christ, tu nous as enseigné comment prier. A travers ces exercices, apprends-moi à le faire de telle sorte que je puisse rencontrer Dieu au plus intime de mon cœur. Fais-moi atteindre l'espace le plus intérieur de mon être, celui où tu habites et où je me sentirai entièrement libre et sauf, celui où tu me reconduis à moi-même, à mon être véritable. Et, là où tu habites en moi, fais-moi découvrir ce que sainte Thérèse a éprouvé avec tant de bonheur : à celui qui a Dieu, rien ne manque, car, à toi seul, tu suffis. Amen.

5

L'Esprit lui-même prie en nous

(Romains 8,14-16)

Ces exercices entendent nous introduire à la vie de l'Esprit divin, celle dont nous parle saint Paul dans l'Épître aux Romains : « En effet, tous ceux qu'anime l'Esprit de Dieu sont fils de Dieu. Aussi bien n'avez-vous pas reçu un esprit d'esclaves pour retomber dans la crainte ; vous avez reçu un esprit de fils adoptifs qui nous fait nous écrier : Abba ! Père ! » (Rm 8,14 et s.) Si nous vivons du Saint-Esprit, nous serons libérés de la crainte de savoir ce que nous sommes aux yeux des hommes. Nous sommes délivrés de la contrainte d'avoir à faire nos preuves et de nous justifier. Nombreux sont ceux qui font dépendre leur estime d'eux-mêmes du jugement des autres. Si leur valeur dépend donc de l'avis de ceux-ci, ils sont alors esclaves.

Le Saint-Esprit – ainsi que nous le dit Paul – nous délivre en faisant de nous les fils et les filles de Dieu. En tant que fils, nous sommes libérés des commentaires des gens qui nous entourent, libérés du pouvoir de ce monde. Si nous savons que nous sommes les enfants bien-aimés de Dieu, nous n'avons plus à mendier l'approbation des autres. Je ne suis plus leur esclave et je n'ai plus à me définir en fonction de leurs attentes. Je ne suis plus non plus esclave de la loi, de la discipline intérieure qui me prescrit continuellement de devenir meilleur, de progresser sans cesse, d'agir de mieux en mieux.

Pour ma part, je recours à différents exercices où je trouve de l'aide pour vivre davantage de l'Esprit de Dieu. Il y a tout d'abord l'observation de ma respiration. Éprouvez votre souffle, comment il va et vient. Imaginez-vous que ce n'est plus seulement un mouvement d'air, mais le souffle de Dieu, le Saint-Esprit divin. A travers lui, c'est l'Esprit-Saint qui vous pénètre. En ressentant cela, vous découvrez peut-être que vous êtes vraiment chez vous, que l'esprit mauvais, celui qui voudrait vous réduire en esclavage, n'a plus accès à vous. Et vous entrevoyez que, en vous, tout est pénétré de l'Esprit divin, de l'amour de Dieu. Dieu n'est pas un Dieu lointain, mais il est celui qui respire en vous, celui qui vous emplit de sa tendresse, qui vous dote d'une nouvelle façon de goûter les choses. Finie l'existence d'esclave qui nous oblige à nous plier aux exigences intérieures ou extérieures. Notre vie devient celle de fils et de filles libres, d'enfants qui vivent vraiment. Pour Paul, la vie du Saint-Esprit est la vie authentique. C'est la vie nouvelle que nous donne le Christ.

Cette vie nouvelle s'exprime d'abord par la prière. Car c'est le Saint-Esprit qui prie en moi, en venant en aide à ma faiblesse. « Car nous ne savons que demander pour prier », déclare Paul au v. 26. « Le Saint-Esprit lui-même vient au secours de notre faiblesse. » Par l'Esprit qui respire en nous, nous pouvons nous adresser à Dieu : « Abba ! Papa ! » (8,15). Dans la langue de

Jésus, Abba est l'expression d'amour et de tendresse avec laquelle, en famille, on s'adresse au père. C'est par ce mot, « abba ! Cher papa », que Jésus parle à Dieu. Paul ne fait que reprendre sa prière. Dans l'Esprit, nous prenons part à la prière de Jésus ; avec lui, nous nous tournons vers notre Père. Nous devons proférer cette adresse avec autant d'amour et de confiance que Jésus lui-même. Il nous faut faire l'expérience qui fut la sienne, celle de la proximité du Père du Ciel. Peut-être certaines personnes, dont la relation à leur père a été difficile, auront-elles du mal à parler ainsi à Dieu. Mais elles pourront découvrir qu'il existe bien un vrai père qui me permet de vivre debout, qui me donne le courage de vivre.

Vivre du Saint-Esprit, vivre en fils et en filles de Dieu, cela signifiait pour les premiers moines prier constamment. C'est l'Esprit lui-même qui prie en nous. Nous n'avons pas à nous fatiguer à répéter des mots sans nous permettre aucune distraction. Prière incessante, cela veut dire que nous nous fions à l'Esprit qui prie en nous. Pour Augustin, elle consiste en ce que nous entrons en résonance avec notre aspiration profonde. Le Saint-Esprit, « qui intercède pour nous en des gémissements ineffables » (8,26), déploie en nous le désir profond qui nous habite, celui dont nous nous laissons souvent couper par nos tracas de tous les jours. Prier dans le Saint-Esprit, cela veut donc dire que nous aspirons au Dieu d'amour avec tout ce qui est en nous, que nous appelons le Dieu d'amour seul capable de combler notre attente. « Si tu veux ne pas interrompre ta prière, n'interromps pas ton désir, dit encore Augustin, car ton désir est ta prière ininterrompue. » Quand, dans la prière, nous entrons en résonance avec le désir de notre cœur, nous sentons que nous ne sommes plus seulement citoyens de la terre, mais déjà citoyens du ciel, que nous habitons en Dieu.

Au cours de ces exercices, efforcez-vous donc d'entrer en tout ce que vous faites en résonance avec votre désir. Sentez que votre cœur s'élève au-dessus de ce monde, qu'il aspire à Dieu, à son amour inconditionnel, à une existence définitive, à une protection totale. Alors priez. Vous n'avez pas besoin de formuler des mots. Le gémissement de votre cœur est celui de l'Esprit. C'est ce Saint-Esprit lui-même qui prie en vous. Vous avez simplement à lui faire place. Car il vous fera connaître l'amour intime et confiant du Père. Avec Jésus, vous devez dire au créateur du monde et de la terre : « Abba, cher papa. » Vous n'avez plus à obéir à n'importe quelle loi. Vous êtes libérés, libres, enfants bien-aimés de Dieu. Telle est la vraie vie.

⁂

Prière

Père du ciel, ton Fils Jésus-Christ nous a appris à s'adresser à toi en toute confiance comme à notre « abba », papa. Je te remercie d'avoir fait de moi ton enfant, et non pas un esclave dont la valeur se mesure à son rendement. Fais-moi vivre dans la liberté des enfants de Dieu, avec la conviction que, comme père, tu me remets debout afin que j'ose vivre dans cette liberté que tu m'as donnée, dans l'élan d'exubérance et de joie que tu suscites en moi.

6

« Tu es mon fils bien-aimé », « Tu es ma fille bien-aimée »

(Luc 9,28-36)

Avec ces exercices, nous quittons la vallée de nos soucis quotidiens pour nous approcher de Dieu sur la montagne du silence et vivre dans la prière, en présence du Dieu qui nous aime et nous sauve. Dans le chapitre 9 de son évangile, Luc nous invite à monter avec Jésus sur la colline pour y prier et y être transfiguré. « Or il advint, environ huit jours après ces paroles, que, prenant avec lui Pierre, Jean et Jacques, il gravit la montagne pour prier. Et il advint, comme il priait, que l'aspect de son visage devint autre, et son vêtement d'une blancheur fulgurante » (Lc 9,28 s.).

Quand nous prions intensément, ainsi que le fit Jésus, nous entrons en contact avec notre véritable image, celle que Dieu s'est faite de nous. Nos rôles et nos masques tombent, et notre être originel devient manifeste. Ce qui était brouillé devient net. Nous voyons désormais clair. Pour Erhart Kästner, la transfiguration signifie que nous devenons transparents à l'éternité, que nous laissons paraître en nous notre être authentique. Telle est la transformation que doit produire la prière, nous dit

Luc. C'est ce que je vous souhaite au cours de ces exercices : puissiez-vous prier avec tant d'intensité que tout ce qui vous préoccupe par ailleurs tombe de vous comme des écailles, de sorte que vous découvrirez l'image originelle que Dieu entend faire étinceler en vous. Sur la montagne, découvrant la proximité divine, celle qui vous guérit et vous métamorphose, vous oublierez derrière vous le brouillard qui obscurcit votre vie quotidienne.

Au moment où, dans sa prière, Jésus se trouve métamorphosé, Moïse et Élie lui apparaissent. Lorsque Dieu nous pénètre de part en part, Moïse et Élie surgissent aussi auprès de nous.

Moïse est l'image du législateur et du libérateur. Si, dans la prière, nous progressons en Dieu, notre vie se retrouve en ordre, car nous faisons de nous-mêmes ce que Dieu nous demande et ses commandements s'intériorisent. Nous sommes délivrés des corvées que l'Égypte imposait à ses esclaves, de la servitude qui nous obligeait à un rendement toujours accru. Nous échappons aux exigences dont le seul profit était l'assurance de marmites pleines de viande. Moïse nous introduit dans la liberté de Dieu. Il nous conduit à la terre promise, dans le pays où nous pourrons vraiment être nous-mêmes, guidés par Dieu, et non plus définis de l'extérieur. Quand, dans notre prière, Dieu vient nous métamorphoser de l'intérieur, nous devenons remplis de la seule volonté divine et nous sommes guéris de nos angoisses : plus d'échec à craindre ; plus de peur de voir nos marmites vides.

Élie est par excellence la figure du prophète. C'est un homme de feu, le plus grand prophète de l'Ancien Testament. Il nous montre que nous pouvons nous-mêmes avoir une vocation prophétique. Quand, dans notre prière, nous nous ouvrons à Dieu, nous découvrons du même coup la mission que celui-ci entend nous confier. Chacun de nous est appelé à refléter quelque chose de Dieu en ce monde, quelque chose qui ne peut rayonner qu'à travers nous. Par sa vie, chacun a une parole à dire et lui seul peut la faire entendre. Au cours de ces exercices, nous devons découvrir notre vocation personnelle, notre tâche prophétique, afin de pouvoir authentiquement vivre. Aussi voudrais-je vous inviter au petit exercice suivant : imaginez-vous que vous vous trouvez au seuil de la mort. Réfléchissez à la personne à laquelle vous souhaiteriez encore envoyer un dernier adieu. Écrivez-lui alors une lettre où vous lui dites ce que vous auriez aimé lui transmettre par votre vie, le message que votre vie aurait dû être. Nous ne vivrons certes jamais totalement ce que nous découvrons au fond de notre cœur. Mais il nous est pourtant bon de réfléchir à ce qui nous tient pourtant essentiellement à cœur, à l'idéal de notre existence. Qu'est-ce qui me conduit à me lever si tôt le matin ? Qu'est-ce qui me permet de supporter les injustices de la vie ? Qu'est-ce que j'aimerais transmettre aux autres à travers mes rencontres ? Qu'est-ce que je voudrais qu'ils lisent en moi, en mon corps, en mon âme, dans mon cœur, dans mes yeux, dans mes mots ? Quelles sont mes raisons les plus profondes de dire oui à la vie ? Quel est le dernier mot, le testament, que j'aimerais laisser derrière moi ? Veillez bien à cette lettre, pour prendre ainsi conscience de votre mission prophétique ici-bas, du message le plus profond de votre être, de ce que vous rêvez de communiquer par toute votre vie.

En dépit de la transfiguration de Jésus, les disciples se

sont endormis. C'est consolant pour nous. Nous découvrons parfois combien Dieu est proche, mais, un instant plus tard, cela ne nous touche plus. Nous nous endormons. Nous vivons comme s'il n'y avait plus de Dieu. Anthony de Mello, le jésuite indien, compare notre vie au sommeil. Nous dormons, nous vivons dans nos illusions, mais nous passons à côté de la réalité authentique, nous méconnaissons la réalité de Dieu dans notre vie.

Quand les disciples s'éveillent, ils voient Moïse et Élie debout, rayonnants, aux côtés de Jésus. Pierre se précipite. Il faut faire quelque chose. Il est si enthousiasmé par la présence divine qu'il propose de dresser trois tentes. Au cours de ces exercices, il peut aussi nous arriver de connaître ces moments lumineux du Thabor. D'un seul coup, tout nous semble clair, nous sentons l'amour divin. Comme Pierre, nous sommes soulevés d'enthousiasme par Jésus-Christ et par son amour pour nous. Nous entendons nous rassasier de sa présence, de sa splendeur, de son amour, ainsi que le dit le psaume. Nous voulons ancrer solidement cette expérience. Nous promettons à Jésus que, désormais, nous répondrons toute notre vie à son incommensurable amour. Mais l'instant d'après, nous avons déjà tout oublié. Nous nous sommes à nouveau endormis. Ou bien nous sommes saisis de crainte, comme les disciples au moment où une nuée vient obscurcir leur expérience de lumière. D'un seul coup, nous ne voyons plus que le nuage. En nous et autour de nous, tout s'assombrit. C'est comme si nous n'avions jamais perçu Dieu. Alors nous prenons peur. Nous nous sentons perdus. L'expérience de la distance et celle de la proximité avec Dieu se confondent. La certitude de sa présence est presque nécessairement suivie de son contraire, celle du mal, d'un mal qui nous déborde de l'intérieur comme de l'extérieur.

Mais voici que, du milieu de la nuée, la voix de Dieu se fait entendre : « Celui-ci est mon Fils, l'Élu, écoutez-le » (Lc 9,35). Les disciples avaient vu la splendeur de Jésus. Maintenant, ils doivent se contenter d'écouter des mots. La foi a besoin de l'expérience, de la vision de la réalité divine ; mais elle procède aussi de l'écoute. Il y a dans notre vie des moments où il nous faut simplement ouvrir nos oreilles.

Au cours de ces exercices, nous avons à laisser la parole de Dieu tomber dans notre cœur, à l'écouter à neuf, le cœur tendu vers elle, afin de pouvoir en vivre. Il suffit qu'un mot nous touche pour que nous accédions à une paix profonde. Comme les disciples, nous aurons ensuite à descendre de la montagne de la transfiguration et à retourner dans la vallée de notre vie quotidienne. Là, bien souvent, nous serons perdus dans la nuée, et c'est du milieu d'elle que nous entendrons la voix de Dieu : « Celui-ci est mon Fils, l'Élu, écoutez-le. » Sa parole vous fournit de la nourriture en suffisance : si vous la recevez de tout cœur, je demeure moi-même en vous, et vous découvrez que vous aussi, vous êtes mes élus, mes fils et mes filles. Je veux vous communiquer tous les mots des Saintes Écritures pour que vous soyez totalement aimés.

La tradition monastique appelle à la *lectio divina*, à la « lecture divine ». Vous ne lisez pas les Écritures pour augmenter votre savoir théologique, mais pour découvrir le cœur de Dieu dans les mots de la Bible et pour vous en laisser modeler. Si un mot vient vous toucher au cœur, vous le méditez, vous le goûtez. Tout comme

Marie gardait la parole dans son cœur en la retournant dans tous les sens, vous vous recueillez dans l'Esprit-Saint pour qu'elle vous imprègne. C'est ce que les moines appellent la méditation. Méditer ne veut pas dire que nous réfléchissons intellectuellement à ce que nous entendons, mais que nous le savourons dans notre cœur pour nous en laisser pénétrer et en être transformés. Les moines disent que la méditation de la parole divine fait croître en nous le désir de Dieu. L'oraison, sorte de courte prière affective, vient la prolonger pour demander à Dieu de combler notre soif de lui. La parole nous introduit alors dans son mystère ineffable. C'est ce que les moines qualifient de contemplation : je déborde la parole et je me repose en Dieu et avec Dieu, au-delà de tout mot, de toute pensée, de toute image.

En guise de *lectio divina*, je vous propose l'exercice suivant : laissez la parole de la transfiguration, « Celui-ci est mon Fils, l'Élu, écoutez-le », vous pénétrer le cœur. Cherchez à la savourer, à la goûter de tout cœur. Et, si cela est exact, si c'est la vérité même de ma vie, qu'est-ce que j'en ressens ? Comment est-ce que je perçois alors mes fautes et mes faiblesses ? Que deviennent ma solitude et ma tristesse ? Laissez la parole pénétrer si profondément dans votre cœur que vous puissiez y croire en chaque repli de votre corps, de votre âme, qu'elle devienne la parole originelle qui vous marque de son sceau. Vous découvrirez combien elle vous sauve et vous libère mieux que toutes les injonctions que vous avez intériorisées durant votre enfance : « Tu me gênes ; tu m'énerves ; si tu n'étais pas si compliqué ! » Essayez de passer la journée en retournant en vous le texte évangélique : « Celui-ci est mon Fils, l'Élu, écoutez-le. » A partir de lui, regardez tout ce qui vous arrive avec un regard neuf. Qu'est-ce que cela vous fait ? La parole de Dieu n'a-t-elle pas la capacité d'éclairer la nuée de notre vie quotidienne, et la lumière de la montagne du Thabor d'éclairer vos ténèbres ? Si vous laissez la clarté divine pénétrer les vallées de votre âme, celle de votre peur, celle de votre sentiment d'infériorité, celle de vos apitoiements sur vous-même, l'amour de Dieu pourra transfigurer votre vie et, au milieu même de cette vallée, elle vous donnera conscience que vous êtes les filles et les fils bien-aimés de Dieu, que l'amour de Dieu est le fondement même de votre vie. Peut-être sentirez-vous alors germer en vous une grande paix, un accord profond avec vous-même, une certitude inébranlable que vous êtes voulu et aimé, élu et choisi du milieu des hommes, original et unique.

Fiez-vous à la parole de Dieu. Elle est nourriture pour votre corps et pour votre âme. En effet, l'homme ne vit pas seulement de pain, mais de toute parole qui sort de la bouche de Dieu. La parole de Dieu vous accompagne dans la vallée de votre vie quotidienne même si la nuée vient à nouveau recouvrir la montagne de la transfiguration, si vous ne sentez plus rien de la transformation intérieure que la prière avait provoquée en vous. Nous avons besoin des deux choses : de la contemplation de la splendeur du Seigneur, cette vision au cours de laquelle nous avons découvert combien il était proche, et de la foi qui vient de l'écoute, de la méditation de la parole qui, aux jours de sécheresse, ne cesse de nous réintroduire dans l'ineffable mystère divin.

⁂

Prière

Toi, toi qui es insaisissable, donne-nous ton Esprit-Saint afin qu'il vienne me transformer et m'éclairer. Je te remercie pour tous les moments d'illumination que tu m'as donné de connaître durant mon existence, pour toutes les paroles qui m'ont fait voir clair, pour chaque regard d'amour qui m'a transfiguré, pour les moments où tout m'est apparu évident, et où j'ai pu consentir à ma vie, à mon histoire, à ce monde que tu m'as imparti. En ce moment de mes exercices, fais-moi prier de telle sorte que tu viennes me remplir et me transformer totalement, que ta splendeur vienne briller sur moi, et que rayonne enfin l'image originelle et pure de mon être profond.

7

Une vie d'amour
(Luc 10,38-42)

La merveilleuse scène de Marthe et de Marie est à mes yeux un récit typique d'exercice spirituel. Une traduction allemande la présente ainsi : « Poursuivant leur route, ils arrivèrent dans un village. Une femme du nom de Marthe les reçut chez elle. Elle avait une sœur nommée Marie. Celle-ci s'assit aux pieds de Jésus pour l'écouter parler. Pendant ce temps, Marthe s'empressait à tout faire. Elle vint dire : "Seigneur, cela ne te fait rien que ma sœur me laisse tout le travail ?" Mais lui répondit : "Marthe, Marthe, tu t'excites et te tracasses pour bien des choses. Mais une seule est nécessaire. Marthe a choisi la bonne, et elle ne lui sera pas ôtée." »

Nous portons tous Marthe et Marie en nous. Mais comme c'est habituellement Marthe qui a la parole, profitons de ces exercices pour suivre Marie. C'est pour elle que Jésus prend parti en nous demandant simplement de nous asseoir et d'écouter ce qu'il entend nous dire.

Marthe est pleine de bonnes intentions envers Jésus. Elle tient à ce qu'il se sente bien chez elle. A en croire Luc, elle s'adonne à tous les soins du ménage. Dans son souci, elle ne prend même pas le temps de demander à Jésus s'il veut vraiment déjeuner, s'il a vraiment besoin de ce que elle, Marthe, lui pense dû comme hôte. Il a le rôle de l'invité qui doit s'asseoir à table et manger. Marthe nous oblige donc à nous demander combien souvent nous faisons tout pour les autres sans nous soucier réellement de ce qu'ils attendent : nous savons d'avance pour eux. Nous sommes si préoccupés par notre travail, par nos affaires, que nous ne nous demandons même plus pourquoi nous faisons tout cela. Et nous ne pouvons même plus soupçonner que l'autre pourrait être insatisfait. Combien de gens sont ainsi incapables d'accepter la moindre critique de leurs services ? Ils ont travaillé à mort. Comment peut-on alors oser les remettre en cause ? Comment une femme peut-elle demander à son mari qui rentre fourbu du travail de s'intéresser un peu à ses enfants parce qu'ils ont besoin de leur père ? Il a déjà fait tout ce qu'il peut pour sa famille ! Mais que ses enfants aient beaucoup plus besoin de son temps que de l'argent qu'il gagne, voilà qui le gêne. Ou comment un homme peut-il demander à sa femme de venir se promener avec lui alors qu'il y a encore tant à faire à la maison ? Comment peut-il mendier un moment pour causer avec elle, alors qu'elle consacre déjà tout son temps aux siens ? Ainsi nous retranchons-nous souvent derrière nos actes pour ne plus nous interroger sur nous-mêmes. Nous nous prouvons à nous-mêmes que nous faisons tout pour le mieux.

Le travail de Marthe n'est sûrement pas totalement gratuit. En s'inquiétant de ce que rien ne manque à Jésus, elle ne veille pas seulement sur lui, mais aussi sur sa réputation d'hôtesse. Elle voudrait trancher sur les autres femmes afin que Jésus la félicite. Bien souvent, le travail prend l'apparence d'un service rendu aux autres, tandis qu'en réalité nous nous servons nous-mêmes. Nous soignons notre image de marque en souhaitant que les autres l'aiment. Il se peut alors qu'une tâche qu'on a commencé à accomplir dans une bonne intention finisse par tourner à l'affirmation de soi ou devienne un mur derrière lequel nous nous cachons. L'amertume de la plainte de Marthe nous fait bien voir qu'elle n'était pas si désintéressée que cela : « Seigneur, cela ne te fait rien que ma sœur me laisse tout le travail ? Dis-lui donc de m'aider. » Pour elle, tout est clair d'emblée : elle sait qui a raison et qui a tort, et celui qui travaille a toujours raison. Sa sœur, qui a l'audace de s'asseoir simplement aux pieds de Jésus pour l'écouter, doit enfin retrouver un peu de bon sens.

Or c'est à sa sœur que Jésus donne raison : « Elle a choisi la meilleure part et elle ne lui sera pas ôtée. »

Marthe et Marie sont bien les deux côtés de nous-mêmes. Marie sans Marthe, ce serait le cercle d'une piété close sur elle-même, du narcissisme spirituel. Marthe sans Marie, c'est vite l'activisme, le besoin frénétique de faire ses preuves par le travail, par un dévouement qui conduit en réalité bien souvent à passer à côté des vrais besoins de l'autre. Chez nous aussi, Marthe prend toute la place : elle a les bons arguments pour elle. En nous aussi, la voix qui nous appelle à l'action, au rendement maximal, est la plus forte. Si nous avons l'audace de faire comme Marie, de nous asseoir simplement aux pieds de Jésus pour écouter ce qu'il souhaite nous dire, nous entendons résonner en nous la voix de Marthe : « Fais enfin ce qu'il faut ! Il y a tant à faire. Comment peux-tu rester là assise en gaspillant ton temps en prières et en méditations ? » Il faut alors que Jésus vienne prendre parti pour Marie en nous. Celle-ci lui permet de parler. Elle croit qu'il a quelque chose de neuf et d'important à dire.

Ils sont nombreux, ces bons chrétiens qui travaillent beaucoup, mais qui entendent finalement toujours se prouver quelque chose à eux-mêmes et aux autres. Ils multiplient même les prières, accumulent les bonnes œuvres, mais ne donnent jamais à Jésus aucune chance de prendre lui-même la parole. Ils savent déjà tout ce qu'il veut. Il n'ont donc plus qu'à entasser les actes de piété et de charité pour être en droit de se redresser fièrement.

Au cours de ces exercices, nous sommes assis avec Marie aux pieds de Jésus et nous écoutons ce qu'il entend nous dire. Peut-être ne percevons-nous que du silence. Peut-être ne nous heurtons-nous qu'à notre inquiétude et à notre vide. Mais c'est quand nous sommes ainsi confrontés à ce vide que la voix de Dieu peut tout d'un coup se faire entendre à neuf.

Je voudrais vous inviter durant les jours qui suivent à vous réserver des temps de tranquillité au cours desquels vous pourrez écouter en vous-même si Dieu veut vous dire quelque chose. Et si vous n'entendez rien, tenez cependant bon. Dieu ne parle pas tout de suite. Il attend que notre cœur soit entièrement dans le calme, afin que nous puissions vraiment percevoir ce qu'il dit. Asseyez-vous en sa présence, en présence du Christ, demandez-lui si tout va vraiment bien, si votre travail colle, ou si vous ne faites que vous conforter en tournant en réalité dans le vide. Que ce soit en vous promenant ou en rangeant la maison, demandez-vous aussi ce que Jésus pense de ce que vous faites, ce qu'il voudrait vous apporter de neuf. Si, dans le silence devant Dieu, vous ne ressentez que de l'inquiétude, supportez-la elle aussi.

Elle est comme un levier qui vous soulève. Elle vous indique qu'il faut pousser plus loin, que vous ne pouvez plus vous contenter de faire comme jusqu'alors. C'est Dieu lui-même qui la suscite en vous. C'est lui qui vous remet en mouvement afin que vous marchiez vraiment vers lui, seule personne en qui vous pouvez trouver le repos. Et peut-être vivrez-vous alors des moments de repos et de paix intérieure plus profonds où vous reconnaîtrez la vérité de ce récit : une seule chose suffit, être en présence du Seigneur, se laisser aimer par lui et demeurer en lui. Peut-être entrevoyez-vous ce que Thérèse disait avec ses mots à elle : « Rien ne doit t'effrayer, rien ne doit te faire peur, tout passe. Dieu, lui, ne change pas. La patience supporte tout. A celui qui a Dieu, rien ne manque. Dieu seul suffit. »

⁂

Prière

Seigneur Jésus-Christ, tu descends dans ma maison comme tu es descendu chez Marthe et Marie. Au cours de ces exercices, tu veux me parler. Mais je me cache si souvent derrière le paravent de mes activités. Je me contente si bien de jeter un coup d'œil sur toi. Mais je ne supporte pas de te regarder longuement et d'attendre que tu me parles. Je t'en supplie : rends-moi attentif et patient pour que, comme Marie, je puisse rester simplement devant toi et te contempler, sans en attendre aucun avantage, sans te demander aucun conseil immédiat. Parle-moi dans le silence et montre-moi que la seule chose nécessaire dans ma vie, c'est de te laisser entrer, de m'asseoir à tes pieds et de consentir à ce que tu me donnes. Car toi seul peux combler mon attente profonde. Amen.

8

Tu es rené
(1 Pierre 1,14.18.23)

Dans les entretiens que j'ai au cours de retraites individuelles, je redécouvre constamment à quel point resurgissent sans cesse certains modèles hérités de notre prime enfance.

Le premier, source de beaucoup de souffrances, c'est le perfectionnisme. Tout ce que nous faisons doit être parfait. Cependant, en nous soumettant à ce schéma, nous nous bloquons et nous rendons la vie impossible. Nous nous sentons toujours contraints à l'exploit, même dans le domaine religieux, et nous devenons incapables de nous réjouir des dons de Dieu. Nous ne sommes jamais assez bons. Notre oraison pourrait être meilleure, notre méditation plus concentrée. Nous pourrions prier davantage. Et, quand nous prions, nous ne cessons de nous dire qu'il faut nous améliorer, ou de penser aux fautes que, bons chrétiens, nous devrions éviter. Mais si nous tournons sans cesse dans le cercle de la perfection, nous restons fixés sur nous et nous ne pouvons rencontrer vraiment Dieu. Nous ne pouvons jamais nous sentir tranquilles en sa présence, sous son regard. En nous torturant les méninges pour découvrir comment mieux faire encore, nous nous interdisons de le rencontrer dans notre vie. Paradoxalement, ce perfectionnisme constitue bien souvent une fuite devant la médiocrité de notre existence. Puisque nous ne sommes pas les meilleurs, nous ne nous engageons jamais dans le combat.

Autre modèle, connexe au premier, mais également lourd de conséquences : notre besoin de nous interroger continuellement sur l'image que les autres se font de nous. Je ne suis jamais totalement à l'aise dans ma peau. Je me guide sur ce que les autres attendent de moi. Je me demande constamment comment ils me voient. Beaucoup de gens sont passés maîtres dans l'art de se casser ainsi la tête. Même s'ils s'en rendent compte, ils n'arrivent pas pour autant à se débarrasser de cette manie. Ils sentent toujours la même inquiétude se glisser dans leurs pensées. Il faut tout faire bien afin de ne mécontenter personne : décevoir serait la pire chose qui pourrait leur arriver. Derrière tout cela, il y a la peur de ne pas être aimé. On cherche donc continuellement à s'adapter, à satisfaire les attentes vraies ou supposées des autres. Et surtout, on perd de plus en plus de vue ce que Dieu attend de nous en nous faisant confiance.

Dans la première épître de Pierre, j'ai trouvé deux versets qui proposent une réponse à ce vieux modèle, héritage de nos parents, qui nous empêche de vivre. En 1 P 1,14.18, il est dit : « En enfants obéissants, ne vous laissez pas modeler par vos passions de jadis, du temps de votre ignorance… Sachez que ce n'est par rien de corruptible, argent ou or, que vous avez été affranchis de la vaine conduite héritée de vos pères, mais par un sang précieux, comme d'un agneau sans reproche et sans tache, le Christ. »

Pour l'auteur de ce texte, être chrétien signifie que nous n'avons plus à vivre dans l'inconscience, que nous ne devons plus nous laisser conduire par notre surmoi, mais que nous avons à prendre en main notre vie. Tant que nous n'avions pas rencontré le Christ, nous étions dans l'ignorance, ainsi que le dit Pierre. Nous étions modelés par nos passions. Nous croyions que nous étions libres et que nous pouvions décider librement de ce que nous voulions. En réalité, nous étions contraints. Nous faisions ce que les autres faisaient, ce dont ils nous persuadaient que nous devions faire. Nous étions comme forcés par nos propres désirs, nos colères, nos jalousies. Pour les Grecs, la soumission aux passions était le propre de l'homme asservi et ignorant ; Pierre déclare que, désormais, nous sommes libérés, non pas à la suite d'un effort de notre volonté, mais par notre rencontre avec le Christ. Quand je rencontre celui-ci dans la prière, je prends conscience de moi-même, de ce que je fais et de ce dont je vis.

Rencontrer Jésus signifie être libéré de l'absurdité du style de vie hérité de nos ancêtres. Le grec dit *mataïs anastrophes*. Il désigne ainsi une existence vide, vaine, privée de tout sens. C'est ce que les bouddhistes qualifient de *maya*, illusion. Nous vivons bien souvent dans l'illusion d'avoir vraiment choisi nous-mêmes en toute conscience notre façon de vivre. Mais, en réalité, nous sommes déterminés par les modèles de nos parents ou des gens que nous avons rencontrés. Nous pensons disposer d'un regard critique sur nous-mêmes et nous ne nous apercevons même pas à quel point nous restons enfermés dans ce qu'on nous a inculqué. Pour l'auteur de la première épître de Pierre, le salut consiste à être libéré des illusions que nous nous faisons sur la vie, des modèles idiots que nous ne cessons de véhiculer, bref, à vivre enfin vraiment. Fini d'avoir à reproduire sans cesse les vieux exemples. La rencontre du Christ nous révèle à quel point nous vivions habituellement dans l'ignorance, et combien nous nous laissions conduire par nos idées fausses.

Pierre insiste : « Vous êtes engendrés de nouveau d'une semence non point corruptible, mais incorruptible : la Parole de Dieu, vivante et permanente » (1 P 1,13). C'est la donnée capitale de notre vie. Nous ne sommes pas enfermés dans ce qu'on nous a inculqué dès la prime enfance. Nous sommes devenus neufs. Nous sommes enfants, non pas de nos seuls parents, mais aussi de Dieu. Notre vocation n'est pas de combler les désirs de notre père ou de notre mère, mais de façonner l'image unique que Dieu a tracée pour nous. C'est celle-ci que nous découvrons lorsque nous sommes libérés de « la vaine conduite héritée de nos pères ».

« Vaine conduite héritée des pères » : et voici que nous retrouvons les maux que nous analysions au départ, ceux qui nous tiennent à distance de la vraie vie, ceux qui entravent le jaillissement de notre vrai moi, né de Dieu celui-ci. Peut-être est-ce le perfectionnisme qui nous pousse à toujours exiger un rendement à cent pour cent, à n'être jamais contents, à ne jamais pouvoir jouir de ce que Dieu nous donne en cet instant. Peut-être est-ce le rigorisme ? Que de gens si rigides qu'ils s'interdisent de satisfaire le moindre besoin et qu'ils se punissent dès qu'ils ont commis la moindre peccadille : pensant que Dieu attend d'eux qu'ils renoncent à tout pour ne plus exister que pour les autres, ils traînent sans cesse leur mauvaise conscience. Jamais ils ne réalisent que cela ne répond pas du tout à la volonté divine, mais à leur seul rigorisme. Ils se montrent durs avec eux-mêmes, par peur de voir s'imposer leur agressivité, de se voir débordés par leurs propres besoins, de n'avoir plus prise sur leur vie. Mais il apparaît bien vite que les gens qui entendent tenir leur vie en laisse, contrôler parfaitement leur agressivité, leurs relations, leur travail, perdent en fait toujours ce contrôle quelque part. Voilà un employé qui veut répondre à la lettre à tous les règlements ; mais cela le conduit justement à passer à côté des décisions essentielles. Il se refuse à l'idée de léser le moindrement l'administration pour laquelle il travaille et il entend rester toujours correct ; mais, en s'attardant sur des détails sans importance, il provoque la catastrophe. Il confond accomplissement d'un devoir pénible et volonté de Dieu. En réalité, il a hérité cette manière de faire de ses parents. Ne s'étant jamais senti à l'abri dans sa famille, il a peur de l'inconnu, et cela le conduit à s'accrocher aux règles. Mais il se rend ainsi la vie impossible. Il multiplie les heures supplémentaires sans jamais réussir à finir son travail, tout cela parce que ses modèles l'écrasent.

Il ne suffit certes pas de présenter ceux-ci au Christ pour qu'ils disparaissent d'un seul coup. Mais la conviction que le Christ peut nous libérer de cet héritage peut tout au moins nous aider à en prendre conscience et à nous en éloigner progressivement.

Peut-être vivez-vous dans l'illusion que vous pourriez mener votre existence sans aucune faute : le plus important pour vous, c'est d'éviter tout péché. En rencontrant le Christ, vous serez libéré de cette angoissante culpabilité. Dans mes entretiens spirituels, je rencontre des gens qui sont toujours à chercher la faute en eux. Ils se laissent sans cesse attribuer ce qui ne va pas. Y a-t-il conflit avec leurs parents ? Ils sont automatiquement coupables. Je connais une femme qui ne parvient pas à se libérer de ce complexe de culpabilité. Elle ne sait jamais se défendre contre les exigences exagérées de sa mère. Quand elle satisfait un quelconque désir, elle se sent immédiatement fautive. Il se peut que sa mère ait depuis longtemps cessé de vivre. Mais elle n'en continue pas moins à se faire des reproches. Elle vit dans l'illusion qu'elle ne devrait être redevable de rien à personne.

Aucun d'entre nous n'est sans péché. Pour peu qu'ils réussissent à nous inculquer un sentiment de culpabilité, les autres peuvent aisément nous dominer. En priant le Christ, lui qui nous pardonne toutes nos fautes, nous pouvons facilement nous débarrasser de cette illusion. Nous ne serons jamais totalement innocents. L'essentiel est de pouvoir nous fier à notre propre estimation : nous avons certes à savoir mettre nos capacités au service des autres, mais c'est à nous de décider de combien de temps et d'énergie nous avons à leur consacrer. L'exigence inconsciemment intériorisée de n'exister jamais que pour les autres est inhumaine. Elle est fallacieuse. Ce n'est pas ainsi qu'a vécu le Christ. Il a su se retirer dans la solitude pour se retrouver seul à seul avec le Père. Là, il ne voulait pas qu'on le dérange. En dépit de nos sentiments de culpabilité, nous devons savoir nous consacrer au Christ et le contempler. Nous saurons alors distinguer entre le véritable péché et ce qui n'est que modèle hérité des ancêtres.

En guise d'exercice, je vous propose d'écrire dans l'ordre tout ce que vous avez fait aujourd'hui, vos occupations, vos visites, etc. En priant, demandez-vous alors si Jésus attendait vraiment de vous tout ce que vous avez fait, ou si vous ne vous êtes pas parfois simplement conformé à un modèle tout fait. Vos actes procédaient-ils vraiment de votre cœur, ou n'avez-vous fait que répondre aux désirs des autres ? Peut-être serez-vous saisi d'effroi en constatant le rôle que des modes de vie absurdes hérités du passé tiennent dans votre existence. La rencontre de Jésus dans la prière doit nous permettre de nous dégager de ces vieilleries trompeuses afin que nous puissions entendre dans notre cœur la voix ténue de Dieu venant nous appeler à la vraie vie, celle de fils et de filles du Père.

⁂

Prière

Seigneur Jésus-Christ, tu m'as libéré de la pesanteur du passé. Tu m'as conféré une vie nouvelle, celle qui correspond à ma vérité, à l'image que Dieu s'est donnée de moi. Je te remercie de m'avoir arraché à l'absurdité des vieilles contraintes, en sorte que je puisse vivre en conformité avec ton projet sur moi et mener l'existence à laquelle tu m'as appelé.

9

Le mystère du Christ en nous

(Philippiens 3,7-10)

Ces exercices veulent nous aider à suivre le Christ en menant une existence façonnée par notre relation à lui, par notre amitié pour lui. Dans son épître aux Philippiens, Paul nous décrit comment nous devons l'imiter. Voici ce qu'il nous dit : « Tous ces avantages dont j'étais pourvu, je les ai considérés comme un désavantage à cause du Christ. Bien plus, désormais je considère tout comme désavantageux à cause de la supériorité de la connaissance du Christ Jésus mon Seigneur. A cause de lui j'ai accepté de tout perdre, je considère tout comme déchets, afin de gagner le Christ, et d'être trouvé en lui, n'ayant pas comme justice à moi celle qui vient de la Loi, mais celle par la foi au Christ, celle qui vient de Dieu et s'appuie sur la foi, le connaître, lui, avec la puissance de sa résurrection et la communion à ses souffrances, lui devenir conforme dans sa mort. »

Pour Paul, il s'agit de la *gnosis Christou*, de la connaissance du Christ ; non pas d'un savoir intellectuel, mais d'une compréhension intérieure, d'une rencontre si intime avec lui qu'il se saisit totalement de nous. Si j'ai compris qui est ce Christ, si j'ai découvert l'amour dont il m'a révélé l'immensité par la croix, tout le reste ne m'apparaît plus que rebut. Peu m'importe que je sois en bonne santé ou malade, que les gens m'aiment ou non, que j'aie du succès ou non, que je sois reconnu ou non, que j'aie réussi ou non ma vie extérieure. Paul emprunte le mot rebut au langage courant de l'époque. Celle-ci connaissait le dicton affirmant que, pour celui qui aime, tout le reste n'est plus que détritus, ordures, déchets. Pour celui qui aime le Christ, tout le reste perd toute importance.

C'est à cet amour qu'entendent conduire ces exercices en nous conférant ainsi une liberté nouvelle à l'égard des exigences quotidiennes de la vie. Beaucoup pensent qu'ils doivent nous permettre d'emmagasiner des idées pour pouvoir tenir dans la foi tout au long des jours. Mais ils se rendent rapidement compte que leur réservoir n'a guère de contenance. Ils ont l'impression que celui-ci fuit. Je recours ici à cette image de réservoir que je n'aime pourtant guère, car elle conforte l'illusion que nous pouvons accumuler intérieurement de la force. Or il ne s'agit pas d'accumuler, mais d'acquérir une nouvelle façon de voir, d'arriver à un changement de perspective. Quand, durant ces exercices, je rencontre le Christ, cela jette une lumière totalement nouvelle sur ma vie quotidienne. Je vois mes problèmes de manière inattendue. Par comparaison avec ma découverte du Christ, ils me semblent futiles, mesquins.

Pour Paul, le but de la vie, c'est de gagner le Christ et de vivre en lui. Vivre dans le Christ est plus que penser sans cesse à lui, plus que l'imiter et obéir à ses commandements. L'expression désigne le mystère même de notre *être* de chrétien. Nous ne sommes pas seulement disciples du Christ, mais nous existons en lui. Nous ne sommes pas seulement en communion avec lui, mais nous ne formons plus qu'un tout avec lui. Les théologiens ont souvent débattu de la signification d'une telle affirmation. A mes yeux, il s'agit là d'une réalité de foi sur laquelle il n'y a pas lieu de se disputer.

Quand, au cours de ma méditation, je répète sans cesse : « Seigneur Jésus, Fils de Dieu, prends pitié de moi », je découvre que le Christ est en moi et que je suis en lui. Je sens qu'il est ma réalité la plus profonde, qu'il imprègne ma pensée et ma sensibilité. Je n'arrive vraiment à vivre que s'il pénètre mon âme et mon corps. Être dans le Christ confère une nouvelle qualité à mon existence. Par nature, je vis dans le monde. Mais ce monde ne me définit plus. Ce qui me marque, c'est le Christ qui est en moi et en qui je trouve mon véritable fondement. Cet être-en-Christ me confère la liberté en me soustrayant à tous les critères de valeur de ce monde, ceux que j'ai moi-même souvent adoptés.

Paul lui-même exprime de telle sorte le critère que constitue l'être-en-Christ qu'il se refuse à mesurer sa propre justice : seul compte ce qui découle de la foi dans le Christ. Je n'ai plus à faire moi-même mes preuves, à me justifier, à m'assurer d'exister vraiment. Si je suis en Christ, c'est celui-ci qui me rend juste, qui m'ajuste à la volonté de Dieu, qui me remet debout, comme un homme libre, qui me fait vivre vraiment. Il me remplit de son Esprit, de sa miséricorde, de son amour. Il me donne part à sa résurrection. Il me fait remonter avec lui du tombeau de la résignation ou de la complaisance en moi-même. Il me conduit à m'opposer à tout ce qui entrave ma vie, à me redresser en faveur de la vie. Mais cela signifie aussi que, en lui, je prends part à sa passion. Si je veux surmonter les barrières qui m'empêchent, moi et d'autres, d'accéder à la vie, cela implique souffrance et douleur. Dans mon combat pour la vie et pour la liberté, j'aurai à subir des blessures. Mais celles-ci ne peuvent plus être mortelles. Elles pointent vers la résurrection, but ultime de ma vie, une résurrection qui s'affirme déjà en moi chaque jour : elle s'accomplit lorsque, après une chute, je ne reste pas par terre, lorsque, après un échec, je ne renonce pas, mais continue à aller de l'avant, confiant dans le Christ, qui me prend par la main et me remet debout. La mort n'est pas la fin. C'est le début d'une vie nouvelle, d'une liberté nouvelle, d'un amour nouveau qui vient accomplir mon aspiration à l'amour.

Pour moi, prier Jésus, c'est s'exercer concrètement à vivre en lui et avec lui. C'est pourquoi je vous propose aujourd'hui de recourir à la prière de Jésus. Asseyez-vous confortablement et prenez conscience de votre respiration. Laissez celle-ci vous conduire à l'intérieur de vous-même. Puis commencez à prier au rythme même de votre respiration. En aspirant, vous pouvez dire : « Seigneur Jésus », puis en expirant « Fils de Dieu, prends pitié de nous ». Si cette formule est trop longue, dites simplement « Jésus » en aspirant, et « prends pitié » en expirant. Ne pensez pas au mot que vous dites, mais dites-le dans la conviction que, en lui, le Christ lui-même se rend présent en vous et qu'il vous pénètre de plus en plus de sa miséricorde. Laissez ce mot vous conduire dans l'espace intérieur où le Christ lui-même vit en vous, celui qui est rempli de la chaleur de son amour et de sa miséricorde. Après avoir redit durant vingt ou trente minutes cette prière, vous pourrez vous reposer en ressentant ce que signifie être en Christ.

En disant cette prière de Jésus, je me rends souvent compte du bien que cela me fait de me laisser définir intérieurement par lui, de découvrir dans sa miséricorde une pitié accrue envers moi-même. Ce qui me détermine, ce ne sont plus mes angoisses, mes peurs, mes jalousies, ma tristesse ou mon vide. Car la miséricorde de Jésus distille en moi une paix profonde. Nul besoin de refouler les pensées ou les sentiments négatifs, mais poursuivez la prière de Jésus même au milieu de ceux-ci. Lorsque vous aurez suffisamment longtemps répété « Seigneur Jésus Fils de Dieu, prends pitié de moi » du sein même de votre aigreur, de votre colère, de votre angoisse, de votre sentiment de culpabilité, vous modifierez tous ces sentiments en découvrant que vous en avez vous-même pitié, qu'ils sont, non plus une montagne qui vous oppresse, mais de l'ordure. Et vous pourrez dire avec saint Paul : « J'oublie ce qui est derrière moi et je me tourne entièrement vers l'avant, vers Jésus-Christ qui entend me conformer totalement à lui, à l'image du Dieu invisible qui devient visible en moi. »

⁂

Prière

Seigneur Jésus-Christ, tu nous as envoyé ton Esprit pour habiter et demeurer en nous. Je te remercie d'être descendu chez moi, de conjurer le chaos de mon cœur, de réparer les déchirures de mes sentiments. Je t'en supplie : fais-moi ressentir ta présence aimante et libératrice, afin que je sois délivré du poids de la présence de tous ceux qui prétendent me prescrire ma vie au gré de leurs désirs sur moi. Si tu habites en moi, je pourrai moi aussi habiter en moi-même, je découvrirai mon centre et je saurai enfin qui je suis. Fais-moi découvrir avec saint Paul que ce n'est plus moi qui vis, mais toi qui vis en moi, et rends cette découverte fructueuse pour le monde. Amen.

10

L'amour crucifié

(Jean 15,13 ; 21,15,17)

Au cours de ces exercices, je voudrais me plonger entièrement dans l'amour de Dieu pour les hommes et, tout particulièrement, pour moi, celui qu'il a avant tout manifesté à travers la mort de son Fils. Sur la croix, Jésus étend les bras. Pendant toute sa vie, il avait touché les gens avec amour, guéri d'un simple geste des malades, embrassé des enfants. Mais, si embrasser est le geste expressif de l'affection, c'est aussi celui par lequel je retiens l'autre. Sur la croix, il n'y a plus nulle ambiguïté possible. Jésus ne retient pas : il lâche, il rend libre. En écartant les bras, il me fait découvrir la nature du véritable amour, celui qui vient du Père. C'est un amour qui se livre. Il avait lui-même déclaré : « Il n'est pas de plus grand amour que de donner sa vie pour ceux qu'on aime » (Jn 15,7). Cet amour se donne pour que l'autre ait la vie ; il se répand pour que l'autre s'épanouisse ; il s'engage en faveur de l'autre ; il met tout en œuvre pour que la vie gagne.

Par ses bras étendus, Jésus nous montre qu'il s'est totalement ouvert pour nous. Il nous permet de rester tout près de lui, mais il ne nous retient pas. Ses mains clouées sur le bois manifestent bien qu'il refuse de se défendre contre nos paroles blessantes. Il ne se protège pas, mais il s'expose sans protection à la méchanceté des hommes. Il est cependant convaincu que, d'être ainsi faible et désarmé, son amour vaincra le mal du monde. Et quand, dans un dernier souffle, il déclare : « Tout est accompli », il exprime sa conviction que, dans son impuissance, l'amour est plus fort que toutes les puissances d'ici-bas, même appuyées sur les armes.

A mes yeux, l'image la plus impressionnante de l'amour du Christ qui se donne à nous, c'est son cœur ouvert. Saint Jean raconte qu'un soldat lui perça le côté de sa lance, et qu'il en sortit du sang et de l'eau. Pour l'évangéliste, ce sont là les signes du Saint-Esprit qui, à partir de la croix, se répand sur tous les humains. Au cours de sa vie, Jésus n'avait atteint que les gens qu'il rencontrait concrètement sur sa route. Désormais, son amour échappe à toute limite. Il se diffuse dans le monde entier. Et tous ceux qui méditent sur ce cœur ouvert peuvent s'en abreuver. Aussi voudrais-je contempler avec vous le Sacré-Cœur, voir comment, par le sang qui en coule, le Christ nous transmet son Esprit, guérit nos blessures et nous donne accès à la lumière.

Parce qu'il est transpercé, ce cœur nous montre qu'il n'est pas d'amour possible sans souffrance. Si j'aime inconditionnellement quelqu'un, je me rends vulnérable. Pour peu qu'il me déçoive, que des malentendus naissent, je suis touché au cœur. Contre cela, je ne puis me défendre. Je puis certes me blinder contre des gens qui ne comptent pas pour moi : ils peuvent bien m'injurier, mais cela ne me concerne pas. En revanche, si l'ami que j'aime me blesse, j'en suis tout retourné : mon cœur saigne. Jésus a continué à aimer ceux qui le refusaient.

Il ne s'est pas protégé contre eux, il ne s'est pas durci le visage comme du caillou.

Mais, dans son impuissance et sa vulnérabilité, l'amour qui continue à aimer même l'ennemi est plus fort que toute haine. Et il nous emplit lui-même d'une profonde paix. C'est ce qui devient clair lorsque Jésus pardonne d'un mot à ses meurtriers, ainsi que le rapporte Luc : « Père pardonne-leur, car ils ne savent pas ce qu'ils font » (Lc 23,34). Jésus ne laisse pas ses ennemis l'acculer sur une position défensive qui le retrancherait de la vie et de l'amour. Il sait que même celui qui le touche et le blesse exprès ignore au fond de son cœur ce qu'il fait vraiment, qu'il est finalement mené par une passion quelconque, par un instinct, par une contrainte qui s'est peu à peu imposée au cours de son histoire : peut-être agit-il ainsi parce qu'il a lui-même été blessé, ou parce qu'il s'est laissé entraîner par le fanatisme, l'étroitesse d'esprit, la peur. Les meurtriers de Jésus pensent même qu'ils ne font qu'éliminer un blasphémateur. Il en est de même de beaucoup de ceux qui nous attaquent. Ils trouvent toujours une théorie pour se justifier, pour expliquer leur rage contre nous, et ils croient peut-être même celle-ci agréable à Dieu.

Si je parviens à dire comme Jésus : « Père pardonne-leur, car ils ne savent pas ce qu'ils font », j'échappe à l'abîme de la haine. Reconnaissant dans le mal une ignorance et un aveuglement, je m'élève au-dessus de lui. Si je peux aimer mes ennemis, ceux-ci ont certes la possibilité de me blesser, mais ils ne peuvent en définitive rien contre moi ; ils sont incapables de l'emporter sur moi. L'amour en moi est plus fort que toute tentative pour m'inculquer le microbe de la haine. Le sang et l'eau qui coulent du côté de Jésus me montrent que celui-ci ne s'est pas laissé contaminer par la méchanceté qui l'entourait, mais qu'il a donné naissance à un puissant courant d'amour capable de fertiliser et de transformer le monde.

Si je médite sur le cœur transpercé de Jésus en croix, celui-ci suscite aussi en moi l'amour. Il m'invite à aimer celui qui m'a aimé jusqu'au bout. Ce cœur ouvert par la lance veut aussi ouvrir mon cœur pour que je puisse aimer Dieu comme il m'a aimé. Albert le Grand parle ici d'échange de cœurs. Nous ouvrons notre cœur au Christ pour qu'il vienne habiter en nous. Si le cœur de Jésus est ouvert, c'est pour que nous trouvions en lui notre demeure. Mais le Christ veut aussi habiter en nous de sorte que, comme le dit Paul, « ce ne soit plus moi qui vive, mais le Christ qui vive en moi » (Ga 2,20).

Il s'agit alors de savoir comment je puis et dois aimer Dieu, comment je puis aimer le Christ. Je ressens en effet ce que signifie aimer quelqu'un : mon cœur se trouve pris, que je le veuille ou non ; cela détermine mes pensées et mes sentiments. Mais mon amour pour le Christ ne prend pas le même aspect émotionnel que celui que je porte à un autre.

Il existe cependant certaines expériences de l'amour divin pour moi qui peuvent susciter mon amour pour Jésus. Je m'aide, par exemple, de l'exercice suivant : je m'assois sous une croix et je contemple les bras étendus de Jésus et son cœur ouvert. Je médite sur l'amour crucifié de celui qui s'est totalement donné pour moi. Je ressens alors souvent un très profond amour pour ce Jésus et, en même temps que cet amour, je sens grandir en moi une profonde reconnaissance pour le fait qu'il vienne ainsi vivifier en moi son amour crucifié. Je m'aide aussi d'un grand signe de croix. En portant avec attention ma main de mon front à mon ventre, de mon épaule gauche à mon épaule droite, je perçois que l'amour inconditionnel du Christ me pénètre en totalité, mes pensées, ma sensibilité, ma sexualité, ma vie consciente et inconsciente, toutes les contradictions dans lesquelles je me débats si souvent. Pour l'Église primitive, le signe de croix était le signe que l'amour du Christ pénétrait le monde entier, dans toute sa hauteur et toute sa profondeur. Si je le fais, non plus en hâte et sans y prêter attention, ainsi que c'est trop souvent le cas, mais lentement, de façon consciente, je ressens l'amour du Christ m'effleurer tendrement. Ou quand, avant l'Évangile, je fais doucement du pouce le signe de croix sur mon front, sur mes lèvres et sur mon cœur, je me prépare à laisser la parole évangélique entrer en moi, pénétrer et transformer mon intelligence, mes propos et mes sentiments, afin de faire abonder en mon esprit des pensées d'amour, en ma bouche des propos d'amour et en mon cœur des sentiments d'amour. En faisant tranquillement ces gestes, j'éprouve l'amour de Dieu pour moi, mais je perçois aussi en moi une qualité, un courant d'amour qui me porte vers Dieu et vers les êtres qui me sont chers.

Mais mon amour pour Dieu reste toujours un amour fragile. Je sais très bien que mes moments d'élan sont toujours suivis de moments de sécheresse et de désert, durant lesquels tous mes mots d'amour pour Dieu me semblent vides et creux, où je réagis même avec allergie quand un prédicateur me parle trop facilement de l'amour de Dieu pour nous et de notre amour pour lui. Dans ces cas-là, je m'aide des propos que Jésus tient à Pierre au lendemain de sa résurrection, sur le bord du lac de Galilée, ceux que nous rapporte Jean en 21,15-17. A trois reprises, il lui demande : « Simon, fils de Jean, m'aimes-tu ? M'aimes-tu plus que ceux-ci ? » Pierre en est tout attristé, car cela lui rappelle son triple reniement. Maintenant, il ne peut s'en tirer en jurant du caractère indestructible de son amour. Il ne peut apporter qu'une humble réponse : « Seigneur, toi qui sais tout, tu sais bien que je t'aime » (Jn 21,17). Tu connais ma trahison, tu sais combien je suis infidèle et fragile. Tu sais combien mon amour comporte d'égoïsme et de calcul, que bien souvent je ne cesse de tourner en rond dans l'amour de moi-même. Mais tu sais aussi que je t'aime. Tu sais qu'il y a aussi dans mon cœur quelque chose de clair et de pur, que je puis t'aimer de façon authentique, sans compter, sans me projeter en toi. En dépit des infidélités qui me coupent toujours à nouveau de ton amour, tu sais qu'au fond de mon cœur je continue à t'aimer. Il y a tout au moins en moi un désir profond de ne vivre que pour toi, de t'aimer de tout mon cœur, de toute mon âme, de toute ma force, de toute ma pensée (*cf.* Lc 10,27). Du sein de cette fragilité, je puis dire avec Pierre : « Seigneur, toi qui sais tout, tu sais aussi que je t'aime, que je voudrais au moins t'aimer. »

Je vous encourage donc à revenir sans cesse vous asseoir sous la croix pour qu'elle vous parle. Contemplez les bras de Jésus grands ouverts. Ce sont les signes d'un amour qui ne vous retient pas, mais qui vous rend libre en se livrant personnellement totalement pour vous. Laissez-vous embrasser et entourer de cet amour du Christ crucifié. Puis regardez ce cœur ouvert dont coule un flot d'amour pour vous. Laissez cet amour du Christ agir sur vous. Peut-être cela suscitera-t-il en vous un courant d'amour réciproque. Conscient de votre inconstance, de votre fragilité, vous n'en pourrez pas moins répondre avec reconnaissance à Jésus, crucifié mais ressuscité, que vous l'aimez de tout cœur. Peut-être pouvez-vous commencer votre exercice quotidien par le signe de croix, et exprimer ainsi combien l'amour de Dieu pour vous vous touche. Ou bien faites le grand geste de la croix : debout, étendez les bras à la hauteur de vos épaules, les mains ouvertes vers l'avant. Imaginez-vous que vos mains grandissent au-dessus de vous, qu'elles embrassent tout le cosmos, que, dans vos bras ouverts, vous accueillez avec amour tous ceux que vous rencontrerez aujourd'hui, et que vous aimez aussi en vous-même vos contradictions, y compris ce qui vous tracasse. Peut-être ce geste des bras grands ouverts vous donnera-t-il de découvrir ce que Jésus voulait dire quand il déclarait : « Il n'y a pas de plus grand amour que de donner sa vie pour ceux qu'on aime » (Jn 15,13). Alors croîtra peut-être en vous un amour capable de laisser libre au lieu de retenir, de donner au lieu d'exiger, un amour qui coulera de vous comme le flot de sang et d'eau qui sortit du cœur de Jésus, un amour qui vous permettra de mourir pour les autres, au lieu de les étouffer sous vos exigences et votre jalousie. Je vous souhaite d'être empli de cet amour du Christ, dans la paix et dans l'action de grâce.

⁂

Prière

Seigneur Jésus-Christ, sur la croix, tu as donné ta vie pour moi. Tu m'as aimé jusqu'à la fin, jusqu'à la mort. En mourant, tu as ouvert ton cœur pour moi, afin que je puisse y abriter mon inquiétude, mes déchirures, mes sentiments de culpabilité. Pour cet amour crucifié qui me délivre, qui me fait vivre, je te remercie. Je t'en supplie, donne-moi de l'accueillir de telle sorte que, à travers moi, il puisse se répandre sur toutes les personnes que je rencontrerai aujourd'hui. Rends-moi totalement perméable à lui, et, à travers lui, fais-moi découvrir le fond de mon être.

11

Il les aima jusqu'à la fin (Jean 13,1)

Une part importante de ces exercices consiste à mes yeux à réfléchir au plus grand signe d'amour que nous a laissé le Christ, celui de l'eucharistie. En guise de clé pour ouvrir à ce signe, je prendrai le premier verset du chapitre 13 de saint Jean : « Avant la fête de la Pâque, Jésus, sachant que son heure était venue de passer de ce monde vers le Père, ayant aimé les siens qui étaient dans le monde, les aima jusqu'au bout. »

En disant cela, Jean ne pense pas seulement au lavement des pieds, mais aussi à l'eucharistie. En racontant le lavement des pieds, il traduit ce qui a le plus profondément marqué toute la vie de Jésus, ce qu'il entend encore transmettre à ses disciples au cours d'un repas d'adieu. Pour l'évangéliste, l'incarnation de Jésus est déjà l'expression de l'amour divin : « Dieu a tant aimé le monde qu'il nous a donné son Fils » (Jn 3,16). Par leur faute, les hommes s'étaient rendus incapables d'aimer. Ils s'étaient enfermés en eux-mêmes. Si Jésus est venu parmi nous, c'est afin de nous rendre la capacité d'aimer. Il a guéri les malades en se penchant sur les plaies qu'ils se cachaient à eux-mêmes comme aux autres. C'est bien ce qui apparaît en toute lumière lors du lavement des pieds. Jésus s'agenouille, prend nos pieds encore tout poussiéreux, couverts des écorchures dues aux épines et aux éclats de pierre du chemin, touche nos blessures. Les anciens parlaient de tendon d'Achille pour désigner la partie la plus vulnérable. Les blessures dont nous souffrons le plus sont en réalité celles de la mort et de la solitude qui se manifestent avec évidence à ce dernier moment. Ce sont vers elles que s'incline le Seigneur dans sa propre mort sur la croix. Il vient ainsi nous toucher et nous guérir par son amour. Pour décrire sa fin, Jean reprend la même idée que pour le lavement des pieds : celle d'achèvement. Au moment de mourir, Jésus s'écrie : « Tout est accompli. »

En nous rapportant le lavement des pieds et le discours d'adieu qui le suit, Jean nous livre le sens de l'eucharistie. En célébrant celle-ci, nous fêtons l'amour de Jésus qui nous a aimés jusqu'au bout. Dire que l'on se donne soi-même à manger à quelqu'un, c'est dire le plus grand amour qui soit. En se donnant à nous sous forme de pain à mâcher, il nous donne comme un baiser. Et quand il nous donne son sang à boire sous forme de vin, nous sentons que son amour est plus doux que cette boisson. Nous buvons son amour divin afin de devenir nous-mêmes capables de nous aimer les uns les autres. Dans chaque eucharistie, nous fêtons son amour porté à l'extrême. Il se penche sur nous, qui gisons là avec nos blessures, nos plaies, il s'incline vers nous pour toucher nos pieds salis par la poussière de nos routes quotidiennes, dégoûtants de toutes les fautes accumulées tant par méchanceté que par inattention. A nous de dévoiler à Jésus ce que nous cherchons à cacher aux autres. Il nous touche avec amour et nous rend purs.

Dans l'eucharistie, Jésus met son amour à notre

disposition. En elle, il nous rend visible et accessible ce qu'il a fait tout au long de sa vie. Il n'a cessé de proférer des paroles d'amour, des mots qui, jaillissant de son cœur débordant d'amour, nous transmettaient l'amour du Père. Il faisait se redresser des personnes qui ne pouvaient se supporter elles-mêmes, il leur redonnait le courage de se tenir debout toutes seules. En guérissant leurs plaies, il leur donnait de recouvrir leur dignité. Il ramenait à la vie et à Dieu les publicains et les pécheurs que repoussaient les gens pieux, il les remettait sur la route. En multipliant les paraboles, il allait chercher les gens là où ils en étaient, et, en leur parlant de Dieu, il leur ouvrait les yeux.

C'est au cours du dernier repas de Jésus que Jean situe son discours d'adieu, dans lequel, avant sa mort, il redit une fois encore ce qui lui tient à cœur. Ce sont des paroles d'amour qui indiquent la frontière entre le ciel et la terre, entre Dieu et l'homme. Ce sont ces mêmes mots que le Christ ressuscité continue à nous adresser lors de chaque célébration eucharistique. Il nous les dit à la fois du haut du ciel et comme quelqu'un qui demeure parmi nous. Alors, ce qu'il avait dit au moment des adieux devient réalité : « Et quand je serai allé et que je vous aurai préparé une place, à nouveau je viendrai et je vous prendrai près de moi, afin que, là où je suis, vous aussi, vous soyez » (Jn 14,3). Dans la célébration eucharistique, nous nous trouvons là où se trouve Jésus, c'est-à-dire dans le cercle intime de ses disciples. Dans son propos et dans ce repas, il nous ouvre son cœur. Il se donne lui-même : « Prenez et mangez. Ceci est moi. » Je me donne pour vous, pour que vous puissiez vivre, pour que vous puissiez croire à mon amour et à celui du Père et pour que vous vous aimiez ainsi les uns les autres. « Car c'est un exemple que je vous ai donné, pour que vous fassiez, vous aussi, comme moi j'ai fait pour vous. » (Jn 13,15).

Au cours de son dernier repas, à travers le lavement des pieds et sa mort sur la croix, Jésus a enfoui en nous les traces de son amour. Chaque eucharistie vient les ramener au jour. Si nous la célébrons, c'est pour rendre cet amour visible en ce monde. Il est dit de Jésus : « Sachant que le Père lui avait tout remis entre les mains et qu'il était venu de Dieu et qu'il s'en allait vers Dieu, il se lève de table, dépose ses vêtements, et prenant un linge, il s'en ceignit » (Jn 13,4). Il pose une fois encore un signe de son amour. Tout comme Jésus, nous savons que nous sommes nous aussi venus de Dieu et que nous aurons à retourner à Dieu. La question est de savoir quel signe d'amour nous donnons. L'eucharistie n'est pas seulement le repas d'adieu de Jésus, mais aussi le nôtre. Nous célébrons sa mort et sa résurrection et nous anticipons ainsi notre propre mort et notre propre résurrection. Nous reconnaissons que, nous aussi, nous ne sommes ici-bas que des hôtes de passage. Ainsi la célébration eucharistique vient-elle nous inviter à vivre en toute conscience notre destinée et à laisser aux hommes un signe permanent de notre amour. Tous ces jours-ci, efforcez-vous de célébrer l'eucharistie en ce sens, comprenez ce que veut dire l'affirmation que Jésus vous a aimé jusqu'à la fin, qu'il s'est donné pour vous, qu'il se donne lui-même à manger et à boire. Demandez-vous comment vous pouvez retransmettre aux gens que vous rencontrerez aujourd'hui cet amour que vous avez reçu, comment vous pourrez leur montrer que vous les aimez jusqu'à la fin, jusqu'à la perfection, sans aucune retenue, que votre message est vraiment l'amour, que c'est là votre dernier mot, celui que vous leur laissez en héritage.

Dans l'Église orientale, les fidèles reçoivent souvent la communion en croisant les bras sur la poitrine. Ces jours-ci, efforcez-vous de méditer en faisant ce geste. Croisez les mains sur votre poitrine et imaginez-vous que le Christ habite dans votre cœur avec cet amour dont il vous aime jusqu'au bout. Par ce signe de croix, gardez l'amour de Jésus en votre cœur comme ce qu'il y a de plus précieux au monde. Livrez-vous à ce geste et pensez alors que l'amour du Christ est comme un feu qui vous pénètre tout entier, qu'en vous tout est plein de sa chaleur et de sa tendresse. Puis pensez à tous ceux qui vous tiennent à cœur et figurez-vous que ce feu voudrait couler de votre cœur dans le leur sans que vous en deveniez pour autant moins chaud, mais que, au contraire, vous ressentiez en vous une vitalité nouvelle et une paix intérieure plus profonde, et la certitude que l'amour divin que vous protégez dans votre cœur vaut pour tous ceux que vous rencontrerez sur votre route.

⁂

Prière

Seigneur Jésus-Christ, je te remercie pour le testament de ton amour que tu nous as donné dans ton eucharistie. Je te remercie de venir ainsi me toucher et me guérir, de me pénétrer tout entier de ton amour de telle sorte que je ne fais plus qu'un avec toi qui t'es donné pour moi. Donne-moi un cœur ouvert afin que tu puisses guérir mes blessures et que ta parole s'incarne en moi en me rendant perméable à ton amour. Amen.

12

Le Ressuscité dans ma vie quotidienne (Jean 21,1-14)

Nous entendons mettre ces exercices en pratique dans notre vie quotidienne. Pour nombre de gens, cette volonté est quelque peu dégrisante. Dans la méditation, ils se sentaient bien. Ils percevaient la proximité de Dieu, et personne n'attendait rien d'eux. Ils avaient alors l'impression de pouvoir repartir à neuf. Mais dès qu'ils reprenaient le train-train quotidien, ils constataient que leurs belles résolutions ne duraient guère. Pour aider ces personnes à transposer vraiment ces exercices dans la pratique, je vous propose un dernier texte de méditation, celui de Jean 21,1-14.

Les disciples sont revenus en Galilée, et ils ont repris leur occupation habituelle, la pêche. Simon-Pierre invite six de ses compagnons à se joindre à lui. Ils sont donc sept, le chiffre symbolique du sacré : il indique le lien entre le ciel et la terre, entre Dieu et l'homme. Leur association de travail prend la forme d'une communauté de fidèles, qui découvrent le Ressuscité au cœur de leur vie quotidienne. A eux sept, ils incarnent la promesse que, avec tout ceux qui vivent et travaillent avec moi, je peux devenir Église, lieu de la présence vivifiante et salvatrice de Dieu au cœur du monde ; que toute communauté, même la plus quotidienne, peut devenir communauté de foi capable de faire dans son ensemble l'expérience du Ressuscité et d'en témoigner.

Mais, au départ, ce n'est absolument pas l'impression qu'ils donnent. Ils pêchent... Ils pêchent toute la nuit sans rien prendre. Ils perdent leur temps. Au petit matin, dans l'aube qui pointe, les voilà qui reviennent, déçus, résignés. Tout est morne et gris. Saint Jean raconte : « Or, le matin déjà venu, Jésus se tint sur le rivage ; pourtant les disciples ne savaient pas que c'était Jésus. Jésus leur dit : “Mes enfants, n'auriez-vous rien à manger ?” Ils lui répondirent : “Non !” Il leur dit : “Jetez le filet à droite du bateau et vous trouverez.” Ils le jetèrent donc et ils n'avaient plus la force de le tirer, tant il était plein de poissons » (Jn 21,4-6). C'est de la rive, dans l'aube grise, que le Ressuscité intervient dans leur vie. Il prend contact avec eux. Il leur parle avec amour, comme à des enfants, et les interroge sur ce dont ils disposent : ont-ils de quoi manger et ont-ils quelque chose à lui offrir ? De même Jésus s'inquiète-t-il de savoir si j'ai tous les jours ce dont j'ai besoin, de quoi me nourrir. Et il me propose un conseil sur la façon de réussir ma vie : il peut me fournir ce dont j'ai besoin pour vivre. Je dois reprendre les activités qui étaient les miennes avant les exercices. Mais je dois le faire en toute conscience. C'est ce que signifie le côté droit. Je ne dois pas me relancer aveuglément dans ce qui a toujours été. Il me faut désormais prêter attention à tout ce que je fais. Il me faut être présent à chaque instant à mon travail du moment. Alors tout change, et je découvre Dieu dans tout le présent. Ce n'est plus maintenant sur ma simple initiative que je me livre à ma tâche, mais sur l'ordre de Jésus. En tout ce que je fais, je dois donc veiller à rester au service, non pas de moi-même, mais de Dieu. Si, chaque matin, en me levant, je me dis : « C'est en ton nom que je me lève, et je suis tout à ton service », c'est déjà là une aide puissante.

De fait, les apôtres attrapent tant de poissons que le filet s'en rompt presque. Cent cinquante-trois ! Il s'agit là aussi d'un chiffre symbolique. Évagre le Pontique l'interprète à sa façon. Pour lui, 100 signifie le carré, 28 le triangle et 25 le cercle. Le chiffre 153 signifierait alors que toutes les contradictions se fondent en un tout. Quand, sur l'avis de Jésus, je mène ma vie quotidienne en pleine conscience, dans la foi et la conscience de sa présence, je vois s'articuler tout ce que je ne réussissais pas à harmoniser ; je puis me réconcilier d'un coup avec les contradictions qui me déchiraient, surmonter en moi les oppositions entre la prière et la travail, ma profession et ma famille, mes besoins et mes sentiments. Je cesse de résister. Tout est bien comme tel. Tout a un sens. Ce qui est carré et anguleux se courbe. Ce qui n'était jusque-là que juxtaposé s'accorde désormais et devient rond.

Vous jetez le filet et vous ne pouvez plus le ramener, tellement il est plein de poissons. « Alors le disciple que Jésus aimait dit à Pierre : "C'est le Seigneur !" A ces mots : "C'est le Seigneur !" Simon-Pierre mit son vêtement – car il était nu – et il se jeta à l'eau » (Jn 21,7). Pour moi, cette phrase : « C'est le Seigneur » est celle qui ouvre le chemin sur lequel nous pouvons rencontrer tous les jours le Ressuscité. Le propre des exercices, c'est de me permettre de rester continuellement en prière et de me redire constamment : « C'est le

Seigneur. » Le Seigneur est avec moi, quand je suis devant mon ordinateur au bureau, et que j'écris. « C'est le Seigneur » quand je m'entretiens avec quelqu'un. « C'est le Seigneur », je me joins à la prière du chœur. « C'est le Seigneur » quand je vais en ville. Quand j'ai présente à l'esprit cette phrase dans les situations les plus quotidiennes, je prends forme neuve. Car je sais que la résurrection a lieu dans ma vie la plus quotidienne, au milieu de mes occupations les plus banales. Cela vient éclairer d'un seul coup la grisaille de l'aube. L'atmosphère change du tout au tout. Je ne suis plus abandonné à moi-même. J'agis sous les yeux pleins de tendresse de Dieu et en communion avec le Ressuscité : il est à mon côté et il emplit la journée de la chaleur de son amour et de la lumière de sa résurrection.

Quand les disciples ont péniblement tiré sur la rive le filet et ses cent cinquante-trois poissons, voici que Jésus dispose déjà de pain et de poisson qui grille sur le feu. Ce n'est pas très logique. Car, au début du récit, il leur avait demandé s'ils avaient du poisson. Mais la résurrection n'est pas logique non plus. Si nous vivons chaque jour en pleine conscience et sur l'ordre de Jésus, voici qu'il y a d'un seul coup assez à manger pour tous, et c'est alors qu'il y a résurrection. Le Ressuscité dit aux disciples : « “Venez déjeuner.” Mais ils n'osaient pas lui demander qui il était, car ils savaient que c'était le Seigneur. » L'atmosphère qui règne est très spéciale. Voici que soudainement le Ressuscité est au milieu d'eux. Mais ils n'osent pas l'interroger, car ils savent que c'est lui. D'un seul coup, la pénombre de l'aube s'illumine, et les disciples et leur maître ne forment plus qu'un tout, une communauté pénétrée de chaleur et de tendresse. Ils partagent le repas comme ils l'ont si souvent fait avec

Jésus : « Jésus vient, prend du pain et le leur donne ; et de même le poisson » (Jn 21,13). Jean donne à ce repas forme eucharistique. Dans chaque célébration eucharistique, c'est le Ressuscité qui vient au cœur de notre vie. De l'autre rive, du ciel, il vient dans notre vie si grise. Il fait de ce qui était terre étrangère une patrie, transforme la froidure en chaleur et change la grisaille en douce lumière du matin tout neuf. Il donne aux disciples du pain et du poisson. Le pain est la nourriture quotidienne qui nous donne la force de mener à bien notre travail ; le poisson est la nourriture de l'éternité, celle du paradis. Dans chaque eucharistie, le Christ vient nous fortifier de sa chair et de son sang pour nous permettre d'accomplir notre tâche. Mais, dans chaque eucharistie, brille aussi le paradis, et le Christ nous donne l'aliment d'éternité de son corps et de son sang divins. Alors, au milieu de la grisaille de l'aube, c'est notre patrie qui se révèle, l'intimité avec celui qui vit désormais avec son Père des cieux mais qui n'en reste pas moins parmi nous et qui vient changer notre quotidienneté en clarté divine.

Cependant le repas matinal de pain et de poisson ne renvoie pas seulement à l'eucharistie, mais bien à toute rencontre avec le Ressuscité au cours de la journée. Si nous proférons le cri « C'est le Seigneur » dans toutes les situations de notre vie, si nous croyons que nous le rencontrons bien dans la désespérante grisaille de l'aube, le brouillard matinal vient aussi s'éclairer pour nous tandis que le Ressuscité nous tend la pain et le poisson. Il nous donne assez de force pour tenir toute la journée, et il nous tend aussi la nourriture de l'immortalité, celle qui porte au-delà de cette vie. Nous ne pouvons supporter la vie ordinaire que si nous savons qu'elle n'est pas tout, que nous avons notre patrie dans le ciel, que, dans notre cœur, nous cinglons vers le grand large et l'éternité de Dieu. La résurrection fait éclater les limites de notre quotidien et fait pénétrer l'éternité dans la nuit au sein de laquelle tout paraît vain.

Le récit d'apparition au bord du lac de Galilée nous reconduit des exercices à la quotidienneté. Il entend renforcer notre conviction que le Ressuscité se rend présent au milieu de notre travail, au cœur de notre tâche journalière pour transformer notre vie. Les exercices veulent nous introduire à une nouvelle vision des choses, qui nous aidera à affronter nos journées ordinaires. Ils entendent nous donner un nouveau regard nous permettant de découvrir le Christ présent en tout ce que nous faisons, lui qui vient nous faire passer de la grisaille matinale à la douce chaleur de sa présence, lui qui se tient sur la rive de l'éternité, celle d'un matin sans plus de crépuscule, celle où il nous attend.

Engagez-vous donc dans une dernière méditation concrète. Commencez-la le matin, dès que votre réveil sonne, et poursuivez-la tout au long des heures. Vous faites votre toilette, vous vous habillez, vous priez, vous prenez votre petit déjeuner, vous vous rendez au travail. Pensez qu'à cet instant le Ressuscité est là, près de vous. « C'est le Seigneur », pouvez-vous vous répéter dans chaque situation. Vous découvrirez peut-être alors avec étonnement comment, habituellement, vous viviez sans relation au Christ, et combien vos journées étaient banales. Mais si, de façon consciente et attentive, vous faites tout en présence du Christ, votre vie quotidienne en sera transformée. Plein de reconnaissance, vous vous apercevrez que vos contradictions se résolvent, que tout se réorganise, que les oppositions apparemment les plus insolubles s'effacent, et que votre vie devient une réussite. Cela n'est pas dû à votre mérite, mais c'est l'effet de l'expérience de la résurrection au cœur de la vie.

La résurrection n'a rien d'étrange et d'incompréhensible. Elle n'a rien à voir avec une dispute au bord du tombeau du Christ pour savoir s'il est vide ou non. Il s'agit de croire que le Ressuscité entend me remettre debout, que la résurrection est pour moi une réalité actuelle dès que je me redresse de mon angoisse et ose faire un pas vers l'entretien que je ne cesse de repousser, dès que je fais éclater les limites d'une relation qui ne me convient plus, dès que je me lève et me tiens debout tout seul, parce que je vois le Christ ressuscité présent à mon côté. En conclusion de ces exercices, je vous souhaite donc de redécouvrir sans cesse ce Ressuscité présent au cœur de votre vie, de vos luttes et de vos actes.

⁂

Prière

Seigneur Jésus-Christ, toi qui as transformé la grisaille matinale de ma vie quotidienne pour me faire surgir dans la lumière de ta magnificence divine, fais-moi découvrir la présence du Ressuscité au cœur des mes situations les plus quotidiennes, dans mon travail, mes déplacements, mes déceptions, mes relations, ma solitude. Fais-moi reconnaître que, depuis la rive de l'éternité, tu es entré dans ma vie et que tu fais rejaillir celle-ci dans la douce lumière de ton amour. Donne-moi de percevoir la résurrection au cœur du quotidien, pour que je puisse me lever du tombeau de mon angoisse et de ma résignation et entrer dans la vie que tu me donnes. Avec saint Jean, donne-moi de découvrir que tu es déjà là, et que je puis aller partout répétant : « C'est le Seigneur. » Amen.

Table

Achevé d'imprimer le 4 avril 2002
dans les ateliers de Normandie Roto s.a.s.
61250 Lonrai
pour le compte des Éditions Desclée de Brouwer
N° d'impression : 02-0596

Dépôt légal : avril 2002

Imprimé en France